Biblioteca de Filosofía del Derecho

Carlos Alarcón Cabrera
(Director)

Carlos Antonio Agurto Gonzáles
Sonia Lidia Quequejana Mamani
(Coordinadores Generales)

Ambosio L. Gioja

El postulado jurídico de la prohibición
y otros escritos

Edición al cuidado de
Carlos Antonio Agurto Gonzáles
Sonia Lidia Quequejana Mamani
Benigno Choque Cuenca

Ediciones Olejnik

Título: El postulado Jurídico de la Prohibición

Edición: 2019

Ediciones Olejnik
Huérfanos 611, Santiago-Chile
E-mail: contacto@edicionesolejnik.com
Web site: http://www.edicionesolejnik.com

ISBN: 978-956-392- 585-2

Diseño de carátula: Ena Zuñiga

Diagramación: Hayden Méndez, yiset_mendez@hotmail.com

Impreso en Argentina 2019 Printed in Argentina

Índice

PRÓLOGO

La feliz idea de **"Ediciones Olejnik"** de reeditar a autores clásicos de gran enjundia, rescatando así de un injustificado y prematuro olvido, ideas, teorías y desarrollos ejemplares, ha incluido con indudable acierto, un excelente texto de Ambrosio L. Gioja.

Se trata de *"El postulado jurídico de la prohibición"*, un trabajo erudito y filigranado que vuelve así a manos del lector.

El editor me ha encomendado escribir un prólogo para esta obra con lo que, no sólo me distingue con su confianza, circunstancia que agradezco muy especialmente, sino que también me posibilita regresar con mis evocaciones y sentimientos a una de las mejores épocas de mi vida, en la que obtuve mi título abogado e inicié un camino que sigo recorriendo hace ya casi cincuenta años, el de la docencia y la investigación universitaria. Aquellos primeros años estuvieron signados por la presencia de esa persona tan singular y tan admirable que fue Ambrosio L. Gioja.

Integré como joven ayudante recién recibido su cátedra de Filosofía del Derecho de la Carrera de Abogacía de la Universidad de Bs.As., desde 1968. Entre los años 70/72 cursé con él mis estudios doctorales. Los otros docentes eran Roberto J. Vernengo, Carlos E. Alchourrón y Eugenio Bulygin.

Naturalmente, fue un privilegio contar con tales maestros. Aunque de algún modo, debe reconocerse, Gioja era para todos los integrantes del Instituto de Filosofía de la Facultad de Derecho, que él dirigía, el gran maestro y no sólo por sus conocimientos vastos y sólidos y al mismo tiempo transversales y heterodoxos, sino también por su infrecuente calidad humana y su apasionada vocación por la docencia.

En aquella época las cátedras de la Facultad estaban integradas por un titular, dos adjuntos y muy eventualmente un profesor asociado. Gioja, en cambio, lideraba una cátedra con 30 o 40 adjuntos entre quienes se contaban personalidades como las de Genaro Carrió, Jorge Bacqué, Moisés Nilve, Ricardo Guibourg, Osvaldo Maffía, Olga

Monsalvo, además de los aludidos en párrafos anteriores y otros muchos que sería imposible mencionar exhaustivamente. A ellos se sumaban los más jóvenes, que hicimos luego carrera académica destacada. Solo menciono con emoción a tres de los que ya nos han dejado demasiado pronto: Ricardo Entelman, Luis Warat y Eduardo Russo.

El Instituto de Filosofía del Derecho por obra de Gioja se había transformado en un ámbito semanal de encuentro de todos los docentes de la cátedra, que operaba como un seminario de intercambio y aprendizaje, de respeto, pluralismo y tolerancia, que eran los rasgos que había conseguido imprimir mediante su personalidad atrapante, seductora, magisterial.

Mientras escribo estas líneas recuerdo episodios cotidianos, singulares, pero que explican la admiración y respeto que su figura inspiraba, más allá de francas discrepancias en algunos temas, que él mismo estimulaba.

Gioja era un hombre de pensamiento liberal, con una posición económica muy sólida que, formado en la fenomenología y conocedor de los clásicos y modernos, no había vacilado en asumir el estudio de la filosofía analítica que Alchourrón, Vernengo y Bulygin, entre otros, le planteaban como desafío de época (el texto aquí presentado es buena muestra de ello). En ese contexto recuerdo que un día llegó a dar clase y nos contó que la noche anterior se había deleitado con una obra pequeña pero de gran interés, de un autor de moda en el pensamiento de izquierda y nos contó con agudo detalle, las muy elaboradas tesis que en el texto se desplegaban. Se trataba de "La filosofía como arma de la revolución" de Louis Althusser. El episodio ilustra acerca de la apertura intelectual y de los intereses múltiples de nuestro autor.

La edición de esta obra, a cuyo contenido me referiré enseguida, tiene valor porque rescata la sutil complejidad del pensamiento de Gioja y de alguna manera nos lo devuelve intelectualmente.

Él decía de sí mismo que era "ágrafo". No escribía tratados, ni manuales. Quizá como una muestra exagerada de su natural modestia. Llevaba adelante, en cambio, un trabajo docente e investigativo de curiosa estrategia. Intervenía con textos breves y esclarecedores, en asuntos que complicaban a la teoría y en los cuales aportaba desarrollos incisivos y originales.

Este es el caso del ensayo que estas palabras prologan. Se ocupa del *"postulado jurídico de la prohibición"*, es decir de la conocida fórmula "todo lo que no está prohibido, está permitido". Por de pronto, observa que tanto Cossio como Kelsen, lo admiten como fundamento del orden. Sin embargo, se pregunta si no resulta sorprendente que un autor que basa su construcción teórica en la noción de "conducta" y otro que lo hace en la noción de norma, puedan alcanzar tal coincidencia. Es cierto que en Cossio había un fundamento ontológico como respaldo del principio. Ese fundamento era denominado el prius de la libertad. En Kelsen, en cambio, era la magistral solución, en opinión de Gioja, que había permitido resolver el viejo problema de las lagunas del derecho.

Sin embargo, la coincidencia era síntoma de que el conocido postulado demandaba un análisis más pormenorizado y cuidadoso, para que su admisión como principio no terminara aporéticamente.

Gioja sostiene que la relación entre los conceptos de prohibición y permisión se configura de manera diversa según los diferentes sentidos atribuidos a tales vocablos.

Pueden reconstruirse, argumenta, dos posibles sentidos: 1) el de permisión como opuesto contradictorio al de prohibición, o 2) cuando una acción se sanciona porque obstaculiza o impide una conducta permitida. En este caso, el concepto de prohibición se torna un término lógicamente primitivo. La prohibición es jurídicamente posible en virtud del carácter coercitivo del derecho.

Luego argumenta que también es preciso esclarecer el sentido atribuido al verbo "estar". O bien se trata de una mera cópula gramatical, o bien supone que el "estar" en cuestión, es equivalente a establecido, puesto, colocado.

El autor afirma que si una acción no está establecida como prohibida, entonces la misma no es prohibida, atribuyendo a esta conclusión el verdadero sentido del postulado, lo que permite considerarlo como un juicio sintético necesario.

Gioja se vale en la deriva de su razonamiento, de recursos lógico-analíticos a los que ensambla con agudeza, con nociones que provienen del campo fenomenológico.

Sostiene que la expresión "todo lo que no está permitido, está prohibido" no es necesariamente falsa pues puede imaginarse un orden basado en facultades, pero resulta carente de sentido si aquel se desarrolla mediante el establecimiento de prohibiciones. No sostengo, dice, que un ordenamiento social no pueda construirse estableciendo permisiones[1], sino que en ese supuesto debe definir el concepto de permisión intencionalmente. Lo hace solo extensionalmente, si lo caracteriza como opuesto contradictorio de la prohibición. Ese intento implicaría poner en práctica para el derecho una técnica distinta de la que se ha empleado históricamente.

Gioja ve una excepción a este punto de vista general, en la relación entre "permisión" y derecho administrativo, porque como sostiene Kelsen: "...el Estado, o mejor el hombre investido de la calidad de órgano estatal sólo puede hacer lo que le está jurídicamente permitido."

El carácter de juicio sintético a priori del postulado de la prohibición, resulta de una concepción del derecho como técnica social específica, en el sentido kelseniano. Su necesidad se origina, pues, en el nexo de no independencia de sus contenidos materiales y es, por ello, que se trata de un juicio sintético a priori.

El autor explica que el derecho positivo es un producto humano que hace posible la vida en sociedad. Esta última constituye un entramado de significaciones que pueden denominarse normas sociales (jurídicas, morales, religiosas, etc.). Tienen un carácter axiológico y se encuentran destinadas a alcanzar ciertas finalidades.

Hasta aquí un superficial esquema de la propuesta que el autor formula, claro está, de forma más compleja y medulosa. Su razonamiento opera como una máquina de relojería, precisa, sincrónica y exhaustiva, por lo que sólo he pretendido brindar algunas pistas informar y eventualmente ayudar en su recorrido, al eventual lector.

Permítaseme para terminar, recordar que Ambrosio L. Gioja nos dejó muy pronto, murió demasiado joven, cuando aún le faltaban algunos años para llegar a la sesentena. Sin embargo, su espíritu elegante, su inteligencia abierta, su afectuosidad sin afectación, han marcado a varias generaciones de jusfilósofos argentinos y de otras latitudes. El Instituto de Investigaciones de la Facultad de Derecho

---

1 Idea que es tomada por Norberto Bobbio, más tarde, en sus últimos trabajos jurídicos (los posteriores fueron básicamente de teoría política) bajo la idea de "sanciones positivas" y de "derecho de la organización más que de la sanción".

de la UBA, lleva su nombre. Por ello su ejemplo intelectual y docente está vivo. Habita entre nosotros, docentes e investigadores que desarrollamos nuestra actividad en dicho Instituto, que nació en 1984, cuando los argentinos recuperamos la institucionalidad democrática, luego de los ominosos años del terrorismo de Estado.

Carlos María Cárcova
Profesor Emérito Universidad de Buenos Aires

El Postulado Jurídico de la Prohibición

El postulado "lo que no está jurídicamente prohibido está jurídicamente permitido" es una proposición que por mencionar una de las más fundamentales relaciones del derecho positivo obliga a considerarlo, dentro de una teoría jurídica, con especial interés.

Hans Kelsen ha apoyado sobre él todo el ordenamiento jurídico, entendido este como sistema de normas específicas, y la magistral solución que ha dado al problema de las lagunas del derecho no ha sido sino un repensar con claridad el contenido del postulado. Carlos Cossio, al concebir una ontología del derecho que tiene su centro en la libertad jurídica o facultad en general, ha visto en aquel juicio la expresión adecuada de esta libertad, como *prius* del dato.

Sin embargo, desde el comienzo resulta extraño que el mismo postulado sirva de "principio" en dos teorías que, por debajo del vocablo "derecho", colocan objetos tan diversos como la norma y la conducta. Pero la extrañeza aumenta, inmediatamente se intenta comprender claramente su sentido teórico.

Porque, ¿es el concepto de "permitido", tal como es usado en el postulado, el concepto contradictorio del concepto de "prohibido"?, ¿o se entiende por "permitido" no a algo "no prohibido", sino a aquel algo cuyo impedimento está "prohibido" a los otros?, ¿o será que el verdadero significado de "permitido", en su relación con "prohibido", es diferente de estos significados? Además, ¿desempeña el verbo "estar", en los dos diferentes lugares en que se encuentra en el postulado, la misma función gramatical?, ¿o cuando se refiere a "no estar prohibido" apunta a la idea de "no ser establecido como...", mientras que cuando se refiere a "estar permitido" expresa el mero nexo copulativo de la determinación con su sustrato?, ¿o será que es otro, o en diverso orden al que acabamos de indicar, el significado del verbo "estar" en ambos lugares?

Por otra parte, se complica todo aun con mayor confusión cuando hacemos jugar esas dudas a través de estas otras cuestiones fundamentales: ¿Es el postulado "lo que no está jurídicamente prohibido está jurídicamente permitido" un juicio necesario o un juicio contingente? ¿Podría algún derecho positivo conformarse de tal manera que aquel postulado pudiera ser suplantado por otro, sea por el que afirma: "lo que no está jurídicamente permitido está jurídicamente prohibido"? ¿Pero, no es este último postulado una nueva fórmula lógicamente equivalente a la del primero? ¿Y si no pudiera ningún derecho positivo, cualquiera fuera s u configuración, evitar la existencia de ese postulado, es decir, si el postulado es un juicio necesario de todo ordenamiento jurídico, se trata de un juicio sintético a priori, o no nos encontramos frente a una pura tautología del tipo *"no a es no a"*, o del tipo "no no *a* es *a*", esto es, frente a una particularización correspondiente a la ley analítica de la identidad $(\bar{a} \equiv \bar{a})$ o de la doble negación $(a \equiv a)$, la que hemos complicado inútilmente.

En este trabajo nos proponemos, en la medida de nuestras posibilidades, presentar con evidencia la relación fundamental que menciona el postulado de la prohibición. Para ello, en primer lugar, comenzaremos despejando los equívocos verbales que pueden producirse en la interpretación de los vocablos "prohibido", "permitido" y "estar" *(a, b)*. Seguidamente formularemos las diversas significaciones que el postulado de la prohibición y su proposición contrapuesta podrían tener conforme a los distintos sentidos de aquellos vocablos *(c, d)*. A continuación nos ocuparemos del postulado de la permisión en el derecho administrativo y sus relaciones con el postulado de la prohibición *(e)*. Luego intentaremos mostrar que en su verdadera significación el postulado de la prohibición tiene el carácter de sintético a priori *(f)*. Después trataremos de señalar cómo es que el postulado de la prohibición puede incluirse en la proposición que llamamos principio jurídico *(g)*. Por último, previa distinción entre el principio jurídico y el principio liberal *(h)*, finalizaremos relacionando dicho principio jurídico con aquella necesidad eidética que tiene todo objeto que es un sentido, de preconstituirse siempre solo por medio de una actividad *(i)*.

a) *Dos de las significaciones usuales en la dogmática jurídica de la palabra "permitido".*

Gran parte de la disparidad de opiniones que existe sobre la naturaleza del postulado "lo que no está jurídicamente prohibido está jurídicamente permitido" tiene su origen en que no se ha distinguido, con la precisión debida, entre dos diversas acepciones de la locución "permitido".

La relación entre los conceptos de "prohibido" y de "permitido" se configura de diversa manera según los distintos sentidos que concedamos a aquellos vocablos. No es extraño, por consiguiente, que si permanece ambiguo lo mencionado por ellos, aparezcan las más opuestas interpretaciones del postulado.

Por eso, nosotros, queremos empezar definiendo los dos sentidos que utilizaremos en nuestra investigación, sentidos ambos comúnmente manejados sin discriminación por la dogmática jurídica.

En primer término cabe señalar como un sentido usual de "permitido" el de opuesto contradictorio al sentido de "prohibido". "Permitido", en esa función de "prohibido", es lo "no prohibido", y, por consiguiente, "prohibido" es, a su vez, lo "no permitido". Simbólicamente, podríamos representar esta definición como: $PA = D_f$ pA, entendiendo por "P" a lo permitido, por "p" a lo prohibido, por "A" al acto, por - el signo de negación y por = Df el signo de definición.

En segundo término destacamos como otro sentido muy corriente de la expresión "permitido" el que corresponde a una conducta cuando están prohibidos sus impedimentos por otras personas. Se define entonces "permitido" también en función de "prohibido", pero de manera diversa a la anterior, pues una conducta es calificada de esta manera, como "permitida", sólo cuando otra conducta, la conducta de los demás, conducta que obstaculiza impidiendo la primera, es una conducta prohibida. Cabría representar simbólicamente esta definición como: $PA =_{Df}$ pi A, entendiendo por "i" a los impedimentos de A, es decir, a los actos que obstaculizan a A.

Pero mientras que con la primera acepción del vocablo "permitido", queda indeciso cuál de las dos locuciones, "prohibido" o "permitido", encierra el concepto primitivo, en esta segunda acepción se ha tomado partido en favor de "prohibido". No es posible, partiendo de esta segunda acepción de "permitido", llegar por medio de alguna derivación formal-lógica a la definición de "prohibido", y si a veces se nos hace difícil tener sobre ello una visión clara se debe principalmente a que subrepticiamente introducimos en nuestra pesquisa la

otra acepción de "permitido"[1] tomarse como conceptos primitivos, en sus relaciones con el orden jurídico-positivo se descubre que "prohibido" es el concepto básico. De esta manera podemos decir que ambas acepciones se apoyan sobre el concepto de "prohibido". Por consiguiente, corresponde una definición de éste, a fin de hacer inteligible todo el sistema.

Las normas jurídico-positivas, concebidas como normas coercitivas, imputan generalmente a ciertos hechos una conducta de fuerza de un hombre contra otro. Ahora bien, cuando entre los elementos componentes de esos hechos se halla una conducta cuyo autor es aquel individuo contra el cual la conducta coercitiva se dirige, considérase a la primera como conducta prohibida.

Si representamos simbólicamente a una norma jurídica como: *A. B. C.* → *S.* (entiendo a [.] como conjunción y a [→] como implicación), y *C* es una conducta de un individuo en contra del cual se realiza el acto de fuerza *S*, *C* es un acto antijurídico, esto es, un acto prohibido por el derecho positivo, una trasgresión jurídica.

b) *El verbo "estar" como verbo auxiliar y como mera cópula.*

El postulado "lo que no está jurídicamente prohibido está jurídicamente permitido" es un juicio categórico, universal, afirmativo.

Desde el punto de vista gramatical, esta proposición permite ser considerada ya como una oración con predicado nominal, ya como una oración con predicado verbal, según nos inclinemos en favor de la significación meramente copulativa del verbo "estar" o en favor

---

1 Mientras que de:

PA ≡ pA,	podemos deducir,
pA ≡ PA	añadiendo una negación a ambos miembros de la anterior identidad y despejando a pA por doble negación, de:
PA ≡ piA	no es posible conseguir una definición sobre pA. Porque si dijéramos, por ejemplo, que:
pA ≡ piA	esta inferencia se basaría en la introducción de la identidad anterior. En efecto, de:
PA ≡ piA	podemos deducir
PA ≡ piA	añadiendo una negación a ambos miembros de la identidad. Pero para pasar a
pA ≡ piA,	que era lo que deseábamos conseguir, se necesita admitir
PA ≡ pA.	Entonces hemos echado mano a la otra acepción de permitido.

de su significación más o menos auxiliar y resabio de su sentido de origen que expresa la idea de "colocar"[2].

Si le atribuimos al verbo "estar" el sentido de mera cópula, entonces le predicamos nominalmente a los actos que menciona el concepto sujeto, la cualidad de "permitidos"; mientras que si le atribuimos al verbo "estar" el sentido más o menos análogo al de los verbos "colocar" o "poner" o "establecer", etc., entonces predicamos verbalmente a los actos que menciona el concepto sujeto "el haber sido colocados como permitidos", "puestos como permitidos", "establecidos como permitidos".

El sujeto de esta oración es un sujeto con complemento. El sujeto núcleo está constituido por el artículo neutro "lo", que con valor de pronombre demostrativo precede a una oración de relativo que lo complementa[3]. En nada se modificaría el sentido gramatical y lógico del postulado porque a la locución "lo que" le antepusiéramos el pronombre indefinido "todo", aparte del desplazamiento del núcleo del sujeto de "lo" a "todo", sólo que en esta situación cabría sustituirse la frase "todo lo que" por el vocablo "cuanto", con equivalente significación[4].

Por su parte, el complemento de sujeto consiste en una oración adjetiva o de relativo[5]. Tiene como función, en este caso, la de especificar el núcleo del sujeto. Pero en esta oración subordinada vuelve a aparecer el ya estudiado verbo "estar" con sus dos posibles sentidos, sentidos que se distinguen más claramente si trasvasamos este atributo de relativo a atributos adjetivales. Tendríamos así dos expresiones de distinta significación, resultantes, la primera, de la desaparición del verbo "estar" por su función de mera cópula, y la segunda del mantenimiento del verbo "estar" con su significación de "colocar", "establecer", "poner", adjetivado como participio pasado. Es decir, que el atributo de relativo del núcleo del sujeto que formulamos como, los actos "que no están prohibidos", puede trasvasarse de dos modos como atributo adjetival: ya como los actos "no prohi-

2 R. A. Española: *Gramática de la Lengua Española*, págs. 50, 158. Espasa-Calpe, Madrid, 1931.

3 R. A. Española: *Gramática,* ob. cit., pág. 319.

4 R. A. Española: *Gramática,* ob. cit., págs. 38, 319.

5 R. A. Española: *Gramática,* ob. cit., pág. 312.

bidos", ya como los actos "no colocados, no puestos, no establecidos como prohibidos".

c) *Diversos sentidos del postulado jurídico.*

De acuerdo con esto, si conjugamos la doble función del verbo "estar" en los dos lugares que ocupa en la oración, con las dos acepciones del término "permitido", se nos dan ocho posibles expresiones del postulado que formuladas como juicios categóricos afirmativos universales SAP $=_{Df}$ X [s (x) → p. (x)][6], y suprimido el término "jurídicamente" con el objeto de conseguir mayor simplicidad de palabras, pero incluyéndolo siempre implícitamente, podrían expresarse de la siguiente manera:

Las cuatro primeras, usando el término "permitido" en la acepción de "no prohibido" y variando el sentido del verbo "estar" en sus dos posiciones, ya como[7]:

---

6 H. Reichenbach: *Elements of Symbolic Logic,* pág. 94. The Macmillan Company, Nueva York, 1947.

7 Simbólicamente presentan este cuadro:

pA → pA *(a)*
∃pA → ∃pA *(b)*
pA → ∃pA *(c)*
∃pA → pA *(d)* (Llamando "p" a prohibido; "∃" a establecido; "A" a acto; – al signo de negación, y → al signo de implicación).

Debe señalarse que el juicio hipotético *(a)* nos pone en presencia de aquella estructura estudiada por la lógica formal con el nombre de principio de identidad, y que se puede representar con letras, como a → a. (A. V. Whitehead and B. Russell: *Principia Mathematica,* págs. 101, 208, volumen I, ed. 2ª; Cambridge, 1950). Aunque para la lógica formal tradicional la distinción entre juicio afirmativo y juicio indefinido es irrelevante, pues su cálculo no se modifica por la presencia del uno en el lugar del otro (M. Kant: *Crítica de la Razón Pura,* pág. 201, trad. M. Morente, t. I, Madrid, (1928), y la logística no distingue, por su parte, al juicio negativo del juicio indefinido, desconociendo sus símbolos esa diferencia, cada vez que se trabaja con el contenido de las proposiciones no debe olvidársela. Si deseamos entender las otras implicaciones que se originan por cambios en el contenido de *(a)*, conviene tener presente que el antecedente y el consecuente de ese juicio hipotético no son el mismo juicio, pues mientras el antecedente es un juicio negativo, el consecuente es un juicio indefinido. De allí que, por ejemplo, en *(b)* no es dé ∃pA → ∃pA, sino que el signo de negación en el consecuente se coloque sobre p, ∃pA → ∃pA.

a) Cópula en el antecedente y en el consecuente:

"Si una acción no es prohibida, entonces esa acción no es prohibida".

b) Sinónimo de los verbos colocar, poner, establecer, etc., en el antecedente y en el consecuente:

"Si una acción no es establecida como prohibida, entonces esa acción es establecida como no prohibida".

c) Cópula en el antecedente y sinónimo de los verbos colocar, poner, establecer, etc., en el consecuente:

"Si una acción no es prohibida, entonces esa acción es establecida como no prohibida".

d) Sinónimo de los verbos colocar, poner, establecer, etc., en el antecedente, y cópula en el consecuente:

"Si una acción no es establecida como prohibida, entonces esa acción no es prohibida".

Las cuatro segundas, usando el término "permitido" en la acepción de que tiene "prohibido" todo impedimento y variando, de la misma manera que anteriormente, el sentido del verbo "estar", ya como[8]:

e) Cópula en el antecedente y en el consecuente:

"Si una acción no es prohibida, entonces esa acción tiene prohibidos sus impedimentos".

f) Sinónimo de los verbos colocar, poner, establecer, etc., en el antecedente y en el consecuente:

"Si una acción no es establecida como prohibida, entonces esa acción tiene establecidos como prohibidos a sus impedimentos".

g) Cópula en el antecedente y sinónimo de los verbos colocar, poner, establecer, etc., en el consecuente:

"Si una acción no es prohibida, entonces esa acción tiene establecido como prohibidos a sus impedimentos".

---

8 Simbólicamente presentan, a su vez, este cuadro:

$pA \rightarrow piA$ (*e*)
$\exists pA \rightarrow \exists piA$ (*j*)
$pA \rightarrow \exists piA$ (*g*)
$\exists pA \rightarrow piA$ (*h*) (Usando los mismos símbolos que en el cuadro anterior, y llamando pi a prohibido los impedimentos).

h) Sinónimo de los verbos colocar, poner, establecer, etc., en el antecedente, y cópula en el consecuente:

"Si una acción no es establecida como prohibida, entonces esa acción tiene prohibidos a sus impedimentos[9]".

Eliminados así muchos de los equívocos significativos gracias al despliegue del postulado en diversas expresiones, tal como lo acabamos de hacer, la intelección de su contenido significativo, y con ella la discusión sobre la naturaleza analítica o sintética, a priori o a posteriori de aquél, se ordenará grandemente. Pues entonces se nos muestra, en actitud refleja, que dichas expresiones encierran distintos tipos de juicios que aparecían confundidos en el postulado.

En efecto, una rápida mirada sobre los mismos nos permite aseverar:

1) La expresión *a):* "si una acción no es prohibida, entonces esa acción no es prohibida", es una necesidad analítica, porque vaciándola de todo su contenido material descubrimos que se trata de una particularización de una ley formal analítica.

2) La expresión d): "si una acción no está establecida como prohibida, entonces esa acción no es prohibida", encierra para nosotros el verdadero sentido del postulado. Es un juicio sintético y pareciera ser un juicio necesario.

3) Las expresiones *b):* "si una acción no es establecida como prohibida, entonces esa acción es establecida como no prohibida", y *c):* "si una acción no es prohibida, entonces esa acción es establecida como no prohibida", son expresiones carentes de sentido, si el derecho positivo es un conjunto de significaciones axiológicas sobre conductas coercitivas establecidas por los hombres en sociedad que nos autoriza a veces a hablar de prohibiciones, porque ambas mencionan de alguna manera el establecimiento de no prohibiciones, lo que no significa nada para un sistema que se mueve estableciendo, cuando las establece, únicamente prohibiciones.

4) Las expresiones *e), f), g), h),* son expresiones de juicios contingentes porque pueden dársenos sea como juicios verdaderos, sea como juicios falsos en los distintos ordenamientos jurídicos-positi-

9 Sobre la función copulativa del verbo "tener", véase E. Husserl: *Experiencia y juicio,* parágrafo 52. (Trad. priv. de E. O. Langfelder).

vos. Y así es fácil advertir, por ejemplo, que la expresión *f)*: "si una acción no es establecida como prohibida, entonces esa acción tiene establecidos como prohibidos a sus impedimentos", no es la expresión de un juicio necesario, pues podría ser que una acción no se hubiese establecido como prohibida y sin embargo tampoco se hubiesen establecido como prohibidos a sus impedimentos. Ejemplo de esta situación sería, en el derecho internacional, el hecho de la guerra cuando se la concibe como un derecho de los Estados, o, en el derecho laboral, el hecho de la huelga antes de toda reglamentación prohibitiva de hacerla por parte de los trabajadores y de impedirla por parte de los patronos. Las expresiones *e), g), h),* derivadas de la anterior, son también contingentes dentro de un sistema de prohibiciones jurídicas.

d) *Diversos sentidos de la proposición contrapuesta del postulado jurídico.*

La proposición: "lo que no está jurídicamente permitido está jurídicamente prohibido" autoriza, lo mismo que el postulado "lo que no está jurídicamente prohibido está jurídicamente permitido", ocho posibles diversas expresiones conformes con la doble acepción del verbo "estar" en los dos lugares que ocupa en la oración y las dos acepciones del término "permitido", expresiones que formuladas también aquí, y por las mismas razones que tuvimos cuando el postulado, como juicios hipotéticos, con supresión del término "jurídicamente", son:

Las cuatro primeras, usando el término "permitido" en la acepción de "no prohibido" y variando el sentido del verbo "estar" en sus dos posiciones, ya como[10]:

a') Cópula en el antecedente y en el consecuente:

"Si una acción es prohibida, entonces esa acción es prohibida".

b') Sinónimo de los verbos colocar, poner, establecer, etc., en el antecedente y en el consecuente:

"Si una acción no es establecida como no prohibida, entonces esa acción es establecida como prohibida".

10 En símbolos:

$pA \rightarrow pA$ *(a')*

$\exists pA \rightarrow \exists pA$ *(b')*

$pA \rightarrow \exists pA$ *(c')*

$\exists pA \rightarrow pA$ *(d')*

c') Cópula en el antecedente y sinónimo de los verbos colocar, poner, establecer, etc., en el consecuente:

"Si una acción es prohibida, entonces esa acción es establecida como prohibida".

d') Sinónimo de los verbos colocar, poner, establecer, etc., en el antecedente, y cópula en el consecuente:

"Si una acción no es establecida como no prohibida, entonces esa acción es prohibida".

Las cuatro segundas, usando el término "permitido" en la acepción de que tiene "prohibido" todo impedimento y variando de la misma manera que anteriormente el sentido del verbo "estar", ya como[11]:

e') Cópula en el antecedente y en el consecuente:

"Si una acción no tiene prohibido sus impedimentos, esa acción es prohibida".

f') Sinónimo de los verbos colocar, poner, establecer, etc., en el antecedente y en el consecuente:

"Si una acción no tiene establecido como prohibido a sus impedimentos, entonces esa acción es establecida como prohibida".

g') Cópula en el antecedente y sinónimo de los verbos colocar, poner, establecer, etc., en el consecuente:

"Si una acción no tiene prohibido sus impedimentos, entonces esa acción es establecida como prohibida".

h') Sinónimo de los verbos colocar, poner, establecer, etc., en el antecedente, y cópula en el consecuente:

"Si una acción no tiene establecido como prohibido a sus impedimentos, entonces esa acción es prohibida".

Pero estas expresiones no son sino las expresiones de los juicios contrapuestos a aquellos otros cuando nos referimos al postulado "lo que no está jurídicamente prohibido está jurídicamente permitido".

---

11 En símbolos:

$piA \rightarrow pA$ *(e')*

$\exists piA \rightarrow \exists pA$ *(f')*

$piA \rightarrow \exists pA$ *(g')*

$\exists piA \rightarrow pA$ *(h')*

En consecuencia, nos encontramos:

1) Que la expresión *a')* contrapuesta a la *a)* es la expresión de una tautología.
2) Que la expresión *c')* contrapuesta a la *d)* contiene para nosotros el verdadero sentido de la proposición que estudiamos y parece ser un juicio necesario.
3) Que las expresiones *b')* y *d')* contrapuestas a las expresiones *b)* y *c)* son sinsentidos.
4) Y que las expresiones *e'), f'), g')* y *h')* contrapuestas a la *e), f), g)* y *h)* son expresiones de juicios contingentes.

Ahora que, si realmente todo esto es así, ¿por qué entonces esa propensión que nos confunde y nos trata de inducir a que desvaloricemos la proposición "lo que no está jurídicamente permitido está jurídicamente prohibido" como "radical y necesariamente falsa"?

Nuestra única contestación a este interrogatorio es que se la traslapa, entonces, con lo expresado en *b')* y *d')*. Pero los contenidos de dichas expresiones no son exclusivos de esta proposición, pues sus contrapuestos son a su vez contenidos del postulado, como lo hemos puesto de manifiesto en *b)* y *c)*. Entendido esto así, nos oponemos, por consiguiente, a que se hable de falsedad. En estas circunstancias no encontramos otra cosa que sinsentido.

Porque no tiene sentido dentro de un orden que juega estableciendo, cuando las establece, prohibiciones, hablar de establecer permisiones, si con ello se mienta establecer no prohibiciones. Y esto en virtud de que siendo el concepto "establecer no prohibiciones" diferente del concepto establecer prohibiciones", y no su mero contradictorio, tendría el sistema que incluirlo expresamente dándole una significación para que recién pudiera tener un sentido dentro de él.

Con esto no queremos decir que un orden social no pudiera constituirse estableciendo permisiones; sin embargo, para conseguirlo necesitaría definirse positivamente al concepto "permitido" y no como el opuesto contradictorio del concepto "prohibido", al que se ha definido positivamente. Ahora que no es definición positiva de "permitido", tal como se la exige, la comprensión de ese vocablo como "prohibiciones de los impedimentos de una acción", porque entonces el orden social sigue aquí constituyéndose con la técnica del establecimiento de prohibiciones, y es por ello que no ha habido inconveniente en incluir esta concepción dentro del sistema jurídico-positivo.

Empero, todo intento de crear una técnica de permisiones por medio de una definición positiva, si bien no acarrea dificultades lógicas, acarrea grandes dificultades terminológicas.

El lenguaje del nuevo sistema se alejaría mucho del lenguaje diario, y, por esta razón, indudables verdades intrasistemáticas sonarían a dislates, interpretadas de acuerdo con el idioma común.

Así, por ejemplo, si con el objeto de conseguir la realización de determinadas maneras de conductas, en vez de asociar, como hace el derecho positivo, una coerción a la conducta contradictoria y llamarla entonces conducta prohibida, se asocian a la conducta deseada ciertos actos de beneficio y se la llama conducta permitida, nos encontraríamos en presencia de una distinta técnica social, quizá muy importante en la dirección de conductas.

Pero inmediatamente que queremos calificar determinadas conductas como permitidas o prohibidas (habiendo mantenido aquí también como válida la idea de que "permitido" y "prohibido" son conceptos contradictorios), usando para ello el principio de que "si un acto no es establecido como permitido, entonces ese acto es prohibido", principio que para el nuevo sistema de permisiones sería una verdad material necesaria y no un sinsentido, como lo era para el sistema jurídico, creemos casi imposible se aceptara y se entendiera en la vida cotidiana que a una conducta, porque positivamente no se le ha imputado un "premio", se la pueda considerar como una conducta prohibida.

e) *El postulado de la permisión y el derecho administrativo.*

En el derecho administrativo la esfera de juridicidad del poder administrador se basa en el postulado: "lo que no está jurídicamente permitido está jurídicamente prohibido". Pareciera ser una exigencia indudable de este derecho que para que una acción del Estado no se considere prohibida haya tenido que ser establecida expresamente como permitida. El postulado de la prohibición: "lo que no está jurídicamente prohibido está jurídicamente permitido" no se aplicaría a las actividades estatales, quedando reducida su validez a las conductas de los hombres. Dice Kelsen: "El hombre puede hacer todo lo que no le está prohibido por el Estado, es decir, por el orden jurídico;

pero el Estado, o, mejor, el hombre investido de la calidad de órgano estatal, sólo puede hacer lo que le está permitido jurídicamente...[12]". Merkl, por su parte, añade: "Aquí se muestra la diferencia de principio en cuanto a la situación jurídica de los hombres, por una parte, y de los órganos y complejos de órganos y últimamente del Estado, punto final de atribución, por otra: El hombre jurídicamente *puede* hacer todo lo que no le sea prohibido expresamente por el derecho; el órgano, en fin de cuentas, el Estado, puede hacer solamente aquello que expresamente el derecho le permite, esto es, lo que cae dentro de su competencia[13]".

Si de acuerdo con nuestros análisis, el enunciado sin equívocos de aquella primera fórmula pudiera expresarse como: "si una acción no es jurídicamente establecida como permitida (no prohibida), entonces esa acción es prohibida", y este enunciado fuera un sinsentido dentro de lo que llamamos orden jurídico positivo, surgiría entonces la curiosa situación de que un tal sinsentido sirviera para dar fundamento a toda una rama muy importante del derecho o que ese principio no correspondiese al sistema jurídico, sino a otro sistema dentro del cual se desenvolvería el llamado derecho administrativo; este nuevo sistema estaría compuesto de normas permisivas en lugar de normas coercitivas, que son las que componen al sistema jurídico. No es extraño que los científicos del derecho administrativo sientan, al construir su dogmática, una incertidumbre sobre la naturaleza del objeto de su investigación. Y que algunos de ellos, reaccionando contra esta manera obscura de concebir los fundamentos de su objeto científico, nieguen la validez del postulado de la permisión, para afirmar, también en la esfera administrativa, el postulado de la prohibición: "lo que no está jurídicamente prohibido está jurídicamente permitido"[14].

Empero, en el orden de la competencia jurídica activa se hace difícil poder descartar el postulado de la permisión. Por otra parte, el

---

12 H. Kelsen: *Teoría general del Estado,* pág. 204. (Trad. de L. L. Lacambra, ed. Labor. Barcelona, Madrid, Buenos Aires, 1934).

13 A. Merkl: *Teoría general del Derecho Administrativo,* página 211. (Trad. española. Ed. "Revista del Derecho Privado", Madrid, 1935).

14 Cossio cree entender que Juan Francisco Linares se inclina en este sentido. Ver C. Cossio: *La teoría egológica del Derecho,* página 215, 1ª ed. Losada, Buenos Aires, 1944.

postulado de la prohibición continúa desempeñando un papel fundamental. ¿Cómo es posible entender esto? ¿No es una contradicción hablar de un objeto si se habla de dos principios distintos sobre un mismo contenido? ¿O es que todo se reduce a un problema de palabras por haber descuidado la delimitación rigurosa de las significaciones que encierran los vocablos prohibido y permitido?

Nosotros nos inclinamos en favor de una respuesta afirmativa del último interrogante.

En efecto, en el postulado de la prohibición entendíamos por acción "prohibida" a aquella conducta a la que se le imputa otra conducta coercitiva, de tal manera que el autor de la primera sea el individuo contra el cual el acto de fuerza se dirige; y por acción "permitida", en la acepción que relaciona ambos conceptos como contradictorios, entendíamos la conducta no prohibida.

Pero en lo que hemos llamado postulado de la permisión, los significados de "permitido" y "prohibido" no son los usados en el postulado de la prohibición. Por acción "permitida" se entiende aquí a aquella conducta que crea y aplica normas jurídicas; y por acción "prohibida", siempre que también consideremos a ambos conceptos como contradictorios, se entiende la conducta no permitida.

El postulado de la permisión vendría a decir entonces: "si una acción no ha sido jurídicamente establecida como creadora-aplicadora de normas, entonces esa acción no es jurídicamente creadora-aplicadora de normas. Su conversa también es válida para nosotros: si una acción no es jurídicamente creadora-aplicadora de normas, entonces esa acción no ha sido jurídicamente establecida como creadora-aplicadora de normas.

De esta manera se nos hace evidente que ambos postulados no son dos principios distintos sobre un mismo contenido. El postulado de la prohibición se refiere al acto antijurídico, al entuerto; el postulado de la permisión, al acto que formula y ejecuta normas jurídicas, al acto creador-aplicador normativo. No hay discordancia cuando se afirma que no hay acto antijurídico si no ha sido establecido como tal y que no hay acto creador-aplicador normativo si no ha sido establecido como tal. Por el contrario, para nosotros no son sino derivaciones de un único principio jurídico.

Ahora que todo esto no está reñido con la idea de que un acto que no crea normas jurídicas (por no ajustarse a las conductas que han sido establecidas como creadoras) pueda ser también prohibido en el sentido que se le impute una conducta coercitiva. Puede darse el caso de que cuando un funcionario, dentro de ciertas condiciones, realiza una conducta que pretende ser creadora y no lo es por no estar establecida normativamente como creadora, esto es, cuando un funcionario realiza una conducta prohibida (prohibida en el sentido de acto no creador aplicador de normas), también realice una conducta prohibida en el otro significado (prohibido en el sentido de acto al que se le imputa una conducta coercitiva). Es cierto que, conforme con el postulado de la prohibición, la conducta del funcionario fallida en cuanto fuente normativa es permitida salvo que una prohibición haya sido establecida por otra norma. Con esta salvedad, sin embargo, admitimos su posible prohibición. Pero, insistimos, esto no es de ninguna manera una necesidad, sino, por el contrario, sólo el resultado de la existencia de normas jurídico-positivas que así lo dispongan.

f) *El postulado jurídico es un juicio sintético a priori.*

Por mostración intuitiva de la naturaleza sintética a priori o analítica del postulado no nos referimos a la mostración intuitiva del postulado mismo. Estamos aquí delante de dos proposiciones diversas, y, en consecuencia, sus verificaciones intuitivas también son diversas. Es totalmente evidente que mientras que el postulado menciona actos permitidos y prohibidos en una cierta relación, la primera expresión no se ocupa de los actos permitidos y prohibidos, sino del propio postulado y de su carácter sintético a priori. Es también totalmente evidente que no hay obstáculo para que el postulado se nos diera como un juicio claro y distinto y que la expresión sobre la naturaleza sintética a priori del postulado se nos diera, a su vez, de manera confusa y obscura.

Sin embargo, es necesario no descuidar la existencia del nexo esencial que enlaza a ambas intuiciones. Porque la mostración intuitiva de la naturaleza del postulado implica que la mostración intuitiva del postulado se haya efectuado previamente. Sólo después de haber dado cumplimiento intuitivo adecuado a lo simplemente mencionado por el postulado es que se hace posible la reflexión sobre la naturaleza de la intuición que lo ha verificado, cabiendo, recién, la descripción como sintética a priori o a posteriori o analítica de la relación mencionada por ella.

Con esta reserva se puede afirmar entonces que es en esa reflexión, y no en la intuición esencial de permitido, o prohibido, o en una posible intuición de la libertad, donde se nos mostrará la evidencia o la decepción del juicio: el postulado "lo que no está jurídicamente prohibido está jurídicamente permitido" es un juicio sintético a priori.

Si se acepta que el postulado "lo que no está jurídicamente prohibido está jurídicamente permitido" dice lo expresado en *d):* "si una acción no es (jurídicamente) establecida como prohibida, esa acción no es (jurídicamente) prohibida", creemos que es imposible negar entonces se trata de un juicio sintético a priori, siempre que nos mantengamos refiriéndonos al derecho positivo considerado como esa técnica social específica descripta por Kelsen. Porque los conceptos "establecimiento de una prohibición" de una conducta y "prohibición" de una conducta son conceptos que mencionan objetos de distinta naturaleza, de manera que, vaciados de su contenido en una formalización que se haga del postulado, no queda como residuo ley formal lógica alguna de la cual hubieran podido ser su contenido concreto[15], Por consiguiente, el postulado se nos da como una proposición cuya evidente necesidad no tiene su origen en una ley formal, sino en el nexo de no independencia de sus contenidos materiales; esto es, se nos presenta como un juicio sintético a *priori.*

g) *El postulado de la prohibición, el principio jurídico de la prohibición y el principio jurídico.*

El derecho positivo, en su etapa precientífica, tal como se nos presenta en nuestra vida cotidiana, es un determinado conjunto de significaciones. Forma parte de aquellos productos humanos que permiten considerar a un grupo de hombres como viviendo en sociedad.

El fenómeno social se constituye siempre gracias a un tipo específico de significaciones: las normas sociales. Los preceptos jurídicos y gran número de los preceptos morales y religiosos de una comunidad pertenecen a esa especie. Son significaciones de carácter no teorético, sino axiológico, sobre la manera de relacionarse la conducta

15 HUSSERL: *Investigaciones lógicas,* pág. 37, t. III. (Trad. de M. MORENTE y G. GAOS. Ed. "Revista de Occidente", Madrid, 1929).

de los hombres pertenecientes a un grupo. Una comunidad de individuos que no se rija de alguna manera por estas normas no es una sociedad. De aquí que no quepa llamar sociedades a las agrupaciones infrahumanas donde, si bien encontramos vida en común de los individuos que las componen, no descubrimos ningún atisbo de normas. De aquí también que cualquier referencia a un grupo de hombres sin consideración a dichos productos normativos tampoco traspasa los límites de la naturaleza. Claro que puede haber sociedad y no existir, por ejemplo, normas jurídicas o normas religiosas. Pero, insistimos, la desaparición completa de normas de este tipo específico implicaría la desaparición de la sociedad.

De qué modo las normas y la vida se relacionan es, sin ninguna duda, un problema de capital importancia si se desea comprender con claridad el fenómeno social.

Nosotros queremos solamente señalar el carácter activo de toda génesis normativa, es decir, la manera peculiar de aparecer las normas sociales por creación del nombre, a fin de destacar así el carácter activo de la génesis de las normas jurídicas.

De acuerdo con esto nos contentamos con admitir que las normas sociales dirigen generalmente la conducta de los individuos, esto es, que esas conductas se acomodan, generalmente, a lo mencionado por aquéllas, y sobre esta base comprobar que son siempre el producto de actos humanos dentro de agrupaciones humanas.

Pero entonces podemos considerar a las normas sociales como una técnica peculiar utilizada por toda comunidad humana para dirigir la conducta de sus miembros.

En efecto, cuando un grupo de hombres desea, en su convivir habitual, sea la existencia, sea la inexistencia o desaparición de ciertas actividades de los miembros que lo componen, esta técnica de lo social persigue la realización de aquellos deseos a través de ciertas valoraciones. Es decir, que la comunidad, cuando desea o no desea la vida, la libertad, la posesión de cosas, etc., de sus componentes, puede provocar esas situaciones por medio de la creación de ciertas normas.

Esta técnica puede tener diversas modalidades según que apunte directamente a la propia conducta valorada o indirectamente a las conductas de otros hombres que se relacionan con la conducta valorada ya como causas, ya como motivos de su realización.

De esta manera, si la presencia de un individuo A o la realización de una conducta B son deseadas o no por los miembros de un grupo, una primera modalidad de la técnica social valorará a la presencia del individuo A o a la realización de la conducta B como *buenas o malas, justas e injustas, santas o impías,* etc.; esto es, como que "A debe ser" o "no debe ser", como "B debe ser" o "no debe ser".

Aprovechando que la realización de determinadas conductas de ciertos individuos producen la existencia o desaparición de las conductas de otros individuos, porque se imponen a ellas coercitivamente, si la presencia de un individuo A o la realización de una conducta B son deseadas o no por los miembros de un grupo, una segunda modalidad de la técnica social valorará a otra conducta C de otro individuo que provoca o impide por la fuerza a las primeras, como *buena o mala, justa o injusta, santa o impía,* etc.; esto es, como que "C debe ser" o "no debe ser".

Otra modalidad de la técnica social se desenvuelve sobre la base de que los hombres obran tratando de obtener ventajas o de rehuir desventajas. En consecuencia, cuando la presencia de un individuo A o la realización de una conducta B son deseadas o no por los miembros de un grupo, una tercera modalidad de la técnica social valorará a otras conductas V o D de otros individuos, conductas que son ventajosas o desventajosas para los autores de las primeras, como *buenas o malas, justas o injustas, santas o impías,* etc.; esto es, como que "D debe ser" o "no debe ser".

Las conductas ventajosas o desventajosas no necesitan ser coercitivas, pero pueden serlo, y, en general, si son desventajosas son coercitivas. Por otra parte, las conductas coercitivas no necesitan ser desventajosas, pero en general lo son.

El derecho positivo constituye la gran parte de la técnica social que es utilizada por las comunidades humanas en lo que va de civilización.

En las sociedades primitivas, comúnmente, es suplantado por la técnica social religiosa.

Las normas jurídicas se caracterizan por ser valoraciones positivas de conductas que fuerzan conductas de otros hombres. Pertenecen fundamentalmente a la segunda modalidad de la técnica social que hemos indicado, con la particularidad de que siempre son valoraciones positivas. Ahora que como toda conducta coercitiva es generalmente desventajosa, el derecho actúa en gran cantidad de casos en conformidad con la tercera modalidad antes mencionada.

No nos importa, por ahora, de qué manera se establece el derecho positivo, cuál es la naturaleza del acto que lo constituye. Lo que aquí nos interesa consiste únicamente en la aserción de que si dentro de una comunidad humana hay un sentido jurídico, ha habido entonces un acto de establecimiento de ese sentido, y de que si se establece dentro de una comunidad humana un sentido jurídico, entonces aparece un tal sentido jurídico.

Nos gustaría llamar a este enunciado "principio jurídico" y formularlo con más precisión diciendo: "Una norma jurídica existe sí, y solamente si, esa norma jurídica ha sido establecida como tal".

Pero la norma jurídica como sentido jurídico totalizador se compone de una serie de momentos que son a su vez también sentidos jurídicos. Tales, por ejemplo, los sentidos de "hecho jurídico", "acto creador-aplicador", "sanción", etc. Estos sentidos no escapan a la ley ontológica enunciada por el principio para el sentido jurídico considerado como un todo. En consecuencia, también con respecto a ellos cabe expresar que la relación que mantienen con el acto que los constituye es una relación necesaria y suficiente. Nos encontramos así frente a diversas proposiciones que por fundarse en el principio jurídico las denominamos de acuerdo con el sentido a que se refieren, como, "principio jurídico del hecho jurídico", "principio jurídico de la creación-aplicación", "principio jurídico de la sanción", etc., y que podrían formularse: principio jurídico del hecho jurídico: "una significación de un hecho como hecho jurídico existe si, y solamente si, dicha significación ha sido establecida como tal"; principio jurídico de la creación-aplicación jurídica: "una significación de un acto como acto creador-aplicador jurídico existe si, y solamente si, dicha significación ha sido establecida como tal"; principio jurídico de la sanción jurídica: "una significación de un acto como sanción jurídica existe si, y solamente si, dicha significación ha sido establecida como tal".

Forma parte del principio jurídico del hecho jurídico el principio jurídico de la prohibición jurídica que a su vez cabe formulárselo como: "una significación de un acto como acto prohibido existe si, y solamente si, dicha significación ha sido establecida como tal".

El postulado jurídico "si una acción no ha sido establecida como prohibida jurídicamente, entonces esa acción no es prohibida jurídicamente" es una consecuencia del anterior principio.

h) *El principio jurídico y el principio liberal.*

1) No se tiene que confundir el principio jurídico de la prohibición con la máxima o principio del derecho penal que nos habla de "nullum crimen sine lege".

Esta máxima exige para que haya delito "la necesidad de una definición específica legal de la conducta delictuosa" anterior al hecho, y como un corolario de ello, "la prohibición de la extensión judicial de las circunstancias de la conducta delictuosa definida"[16].

Cualquiera sea la época y lugar de su aparición, ya en la antigüedad romana, ya en el liberalismo del siglo xviii o en cualquier otra época y lugar, parece probable que su origen psicológico se encuentre en la aspiración permanente de los hombres por alcanzar un orden jurídico cada vez más seguro. Los requisitos de ley específica, no retroactiva, e interpretación estricta como condiciones para calificar un acto como entuerto, están dirigidos claramente a realizar ese valor de seguridad.

Pero claro que no son condiciones indispensables de la conducta antijurídica. Una conducta puede ser calificada de antijurídica sin necesidad de que se den aquellos requisitos. La máxima "nullum crimen sine lege" no pasa de ser, por consiguiente, sino una posible ley positiva; esto es, no se trata de una verdad válida para todo ordenamiento jurídico, sino sólo para aquellos órdenes que comulguen, por lo menos en este sentido, con la ideología liberal. Porque, dejando por el momento aparte el problema de su justicia intrínseca, es un hecho que la tal máxima no ha sido reconocida como derecho positivo en algunos órdenes jurídicos totalitarios y no totalitarios[17].

Esquematizada, a fin de poder compararla con el principio jurídico de la prohibición, la máxima "nullum crimen sine lege" podría formularse como "una acción es jurídicamente prohibida si, y solamente si, ha sido establecida específicamente por una norma jurídi-

---

16 Jerome Hall: *El principio de legalidad,* en "La Ley", pág. 815, t. 54, año 1949, Buenos Aires.

17 Jerome Hall: ob. cit., pág. 825.

co-positiva general, escrita o consuetudinaria y no retroactiva como prohibida".

Tampoco debe confundirse el principio jurídico de la sanción con aquella otra máxima del derecho penal que nos habla de "nulla poena sine lege".

Esta máxima requiere, para que haya una pena imputable a una acción, el establecimiento específico de la tal pena por una ley general anterior, y arrastra consigo también, como corolario, la interpretación judicial restrictiva.

Lo mismo que la máxima anterior, tiene su origen psicológico en el intento de conseguir una mayor seguridad para los individuos que integran una comunidad jurídicamente ordenada. Porque "si se puede hacer cualquier cosa a una persona condenada de hecho, toda garantía ha desaparecido por entero", dice Hall[18]. Y es en virtud de este idéntico fundamento valorativo que la máxima "nulla poena sine lege" se da generalmente unida a la anterior, formando un solo principio: "nullum crimen, nulla poena sine lege".

Pero la posibilidad de una individualización más o menos libre de marcos generales que la restrinjan, de la sanción, para cada caso particular, no es un impensable. Hay escuelas jurídicas que propician este último temperamento y legislaciones positivas que lo adoptan, por lo menos con respecto a ciertas figuras delictivas. La máxima es, en consecuencia, sólo un precepto jurídico-político que si bien puede ser establecido positivamente, no es necesario.

Esquematizada, con el objeto de compararla mejor con el principio jurídico de la sanción, dice: un acto es una sanción jurídica si, y solamente si, ese acto ha sido establecido específicamente por una norma jurídico-positiva general, escrita o consuetudinaria, no retroactiva, como una sanción.

Es evidente entonces que el principio jurídico de la prohibición, como el principio jurídico de la sanción, se distinguen de las máximas "nullum crimen, nulla poena sine lege", respectivamente. Porque para los primeros es condición necesaria, y suficiente de un entuerto o de una sanción únicamente, el hallarse así establecido por una norma jurídico-positiva, no importa si general o individual, an-

---

18 Jerome Hall: ob. cit., pág. 823.

terior o posterior, con sentidos rigurosamente delimitados o más o menos ambiguos. Lo que no ocurre con las máximas señaladas.

2) En el derecho administrativo se hace también imprescindible distinguir entre lo que Markl ha llamado principio de juridicidad y el principio de legalidad administrativa.

El principio de juridicidad no es otro que el que nosotros hemos denominado principio jurídico de creación-aplicación, particularizado en este caso a la actividad administrativa. El principio de legalidad, por el contrario, es sólo una posible norma jurídico-positiva que, como tal, necesita ser establecida dentro de un orden jurídico vigente para poder ser válida.

Varios son los contenidos significativos que se atribuyen al principio de legalidad. La interpretación quizá más ajustada hace consistir el sentido jurídico de dicho principio "en que cada una de las acciones administrativas se halla condicionada por una ley formal, de la que debe resultar la licitud o la necesidad jurídica de la acción administrativa en cuestión"[19].

Su origen moderno lo encontramos en la lucha establecida por la ideología liberal contra la ideología del absolutismo monárquico. Limitar las atribuciones del monarca (o del órgano que de alguna manera lo represente), condicionando su actividad creadora a una ley dictada por el órgano popular, es favorecer la libertad del individuo, amenazada por la voluntad del hombre que posee el poder. Ese condicionamiento legal tiene que efectuarse no sólo en el sentido de establecer los requisitos para que un acto sea acto del órgano desde el punto de vista formal, sino también en el sentido de circunscribir el contenido dentro del cual el órgano podrá formular el derecho.

Esquematizado, el principio de legalidad diría: un acto administrativo es creador-aplicador del derecho si, y solamente si, ese acto ha sido establecido por una norma jurídico-positiva de legislación formal, específica, como acto creador-aplicador. Pero queda de esta manera señalado con claridad las diferencias que lo separan del principio de juridicidad, pues este último admite como acto creador-aplicador del derecho a aquellas actividades del órgano administrador

19 Adolfo Merkl: *Teoría general del Derecho Administrativo*, pág. 223. Ed. "Revista de Derecho Privado", año 1935. Madrid.

que se encuentran establecidas como tales por una norma jurídica, sea formal o material, específica o genérica.

3) El principio que se conoce como el velado nombre de "restricciones a la autonomía de la voluntad", y que desempeña un papel cada vez más preponderante en el moderno derecho privado, debe ser también limpiamente diferenciado de las particularizaciones del principio jurídico de la creación-aplicación referido a la voluntad individual.

Aquel principio, pese a su inofensiva denominación, ataca violentamente a la voluntad como fuente arbitraria de derechos y obligaciones. Su intención es conseguir una gradación jerárquica entre ley y contrato, donde el escalón superior le corresponda a aquélla. Una vez que el derecho privado se estructura de acuerdo con este principio, subordinando el contrato a la ley, cualquiera sea la amplitud de la esfera jurídica que la ley delegue a la voluntad de las partes para su regulación, dicha voluntad pierde su carácter de fuente arbitraria de derecho.

El principio de la restricción de la autonomía de la voluntad tiene una finalidad política análoga al principio de la legalidad administrativa. En efecto, así como este último es una reacción en favor de la libertad contra el absolutismo monárquico, aquél es una reacción en favor de la libertad contra la llamada autonomía de la voluntad. Porque, descubierta la falacia de las voluntades siempre igualmente libres, corresponde impedir como fuente arbitraria de normas a la pura voluntad de las partes, en donde, comúnmente, es una de ellas, la más fuerte, la que se impone.

Con la intención de eliminar esta situación, muchas veces se da un paso más, y en lugar de legalizar positivamente el principio de la restricción, se hace desaparecer lisa y llanamente al contrato como fuente de derecho. Es lo que sucede con los denominaos contratos de adhesión. Se trata, sin embargo, de dos cosas distintas. La restricción a la autonomía de la voluntad implica la mención de un acto voluntario determinado por la ley en su forma y contenido como acto creador-aplicador, esto es, formulador del derecho. Por el contrario, el acto de simple y llana adhesión, a pesar de ser un acto voluntario, está determinado por la ley sólo como un mero hecho condicionante jurídico, pero nunca como creador-aplicador, pues no formula, en ningún sentido, derecho.

La doctrina confunde generalmente esta distinción teórico-jurídica entre acto creador-aplicador y mero hecho condicionante. De aquí la obscuridad en la solución de problemas como el del contrato de trabajo[20].

Esquematizado, el principio de la restricción de la autonomía de la voluntad dice: un acto voluntario (no importa si unilateral o multilateral) es creador-aplicador de derecho si, y solamente si, ese acto ha sido establecido específicamente por una norma jurídico-positiva general, escrita o consuetudinaria, como acto creador-aplicador. Este principio, a pesar de la importancia y del desarrollo que actualmente ha adquirido, sobre todo en el Derecho del Trabajo[21], no deja de ser

20 KROTOSCHIN dice a ese respecto: "Se plantea aquí la cuestión de saber en qué consiste la libertad de los individuos frente a las normas coactivas de las que el derecho de trabajo se compone en su mayor parte. Esta libertad se reduce a entrar o no en relación con aquellas normas (celebrar o no el contrato de trabajo, por ejemplo). Si las partes se deciden en el sentido de relacionarse, su libertad termina muchas veces en este mismo momento y todo el resto es una consecuencia ineludible. Para conocer los derechos y los deberes de las partes, en este caso, es suficiente, en general, mirar la ley, y no hace falta escudriñar también la voluntad de los individuos con respecto a aquéllos. La restricción de la autonomía de la voluntad que se infiere de ello aleja al derecho de trabajo, como a muchas otras materias del derecho privado, del derecho clásico común; pero difícilmente redunda en un menosprecio de la personalidad, ni acaba definitivamente con aquella autonomía. (Ernesto KROTOSCHIN: *Instituciones de Derecho del Trabajo,* pág. 75, E. I. Ed. De Palma, año 1947, Buenos Aires). A nosotros nos parece que cuando "la libertad se reduce a entrar o no en relación con aquellas normas", la llamada autonomía de la voluntad desaparece. Sólo mediante una ficción puede sostenerse que lo que ha sucedido es un traspaso de la autonomía de la voluntad individual a autonomía de la voluntad de las organizaciones del trabajo, pues es evidente que se trata de dos posibles fuentes de derecho distintas, y sus productos, normas individuales y normas generales, respectivamente, también son distintas. Ahora que en el derecho laboral sigue en vigor el principio de la restricción a la autonomía de la voluntad, porque comúnmente las normas generales no son sino el mínimo legal en favor del obrero, admitiéndose, en consecuencia, la formulación de nuevos deberes para el patrono. En estas condiciones no corresponde hablar de adhesión, sino de contrato.

21 GUILLERMO CABANILLAS: *Tratado de Derecho Laboral,* página 138, t. II. Ed. "El Gráfico", año 1949, Buenos Aires. "La autonomía de la libertad contractual expresada en las leyes de trabajo es muy limitada, por las numerosas restricciones que sobre el principio se consignan; son tantas, que bien poco queda de él",

un precepto contingente. El principio opuesto de la autonomía de la voluntad ocupa todavía un lugar destacado en las legislaciones positivas contemporáneas.

Esta serie de principios tales como "nullum crimen sine lege", "nullum poena sine lege", de "legalidad administrativa", de "restricción a la autonomía de la voluntad", que hemos encontrado dispersos en los distintos derechos, y otros principios semejantes de los que no nos hemos ocupado, tales como el de tipicidad del hecho imponible, expropiación por ley, etc., pueden subunirse en un principio más amplio.

En efecto, todos ellos parecen responder a la idea de que un hecho jurídico, o un acto creador aplicador, o un entuerto, o una sanción, etc., esto es, un sentido jurídico cualquiera, existe si, y solamente si, ha sido establecido específicamente como tal por una ley. Pero esta formulación, con su incierto significado, corresponde al llamado principio liberal[22]. Linares lo denomina principio de la legalidad de la competencia; a nosotros nos parece que se trata de un principio que va más allá de la competencia, sin perjuicio que, desde el punto de vista del juez que decide, pueda considerarse como una estructura que delimita la competencia de éste. Y decimos incierto significado porque la palabra "ley" en ese contexto dice o pude decir diferentes cosas[23].

Por "ley" se entiende allí fundamentalmente una norma general. No podría ser de otra manera mientras se pida que los sentidos jurídicos sean establecidos específicamente. Pero fácilmente se desliga esta significación de otras significaciones más complejas en donde se menciona con la palabra "ley" no a cualquier norma general, sino a aquellas que pueden ser calificadas como racionales, esto es, justas, o a normas generales no retroactivas o a normas generales dictadas por un órgano popular, complicándose a menudo, por combinación de estas notas, aun más, la comprensión del concepto "ley".

El principio liberal se inclina decididamente en favor de la igualdad, exigiendo generalidad específica. Pero su reclamo por otros valores no tiene idéntica constancia. A veces parece inclinarse también

22 Juan Francisco Linares: *Términos para recurrir a la justicia Administrativa fijados por analogía*, en "La Ley", año 1949, Buenos Aires, t. 54, pág. 778.

23 Carl Schmitt: *Teoría de la Constitución,* pág. 161. Ed. "Revista de Derecho Privado", año 1934, Madrid.

en favor de la seguridad y exige anterioridad; otras veces apunta hacia la justicia y exige racionalidad; otras veces tiende hacia la libertad y exige creación popular. Así, por ejemplo, "nullum crimen, nulla poena sine lege" pareciera garantizar con su generalidad específica y su no retroactividad a la igualdad y a la seguridad; mientras que, por tomar otro ejemplo, el principio de legalidad administrativa pareciera garantizar con su generalidad específica y el requisito de creación por el órgano popular a la igualdad y a la libertad.

El principio liberal se distingue fácilmente del principio jurídico. Para nosotros, mientras que el principio jurídico es un principio básico de todo ordenamiento jurídico-positivo, el principio liberal es un principio jurídico-positivo y, en consecuencia, contingente, tal como también lo son todos los principios que le están subordinados y que hemos estudiado.

Sin embargo —es imprescindible señalar que todo esto es cuestión de punto de vista—, inmediatamente nos ponemos a mirarlo desde el ángulo de la ciencia dogmática. No ignoramos que ciertos tratadistas pretenden considerar, por ejemplo, al principio "nullum crimen nulla poena sine lege" como un principio formalmente necesario de todo derecho[24]. Ningún inconveniente nos parece que trae aparejado este criterio para el desarrollo de un sistema dogmático coherente. Pero admitidos como nota definitoria de lo jurídico los requisitos de la máxima "nullum crimen nulla poena sine lege", se hace necesario eliminar del campo de la investigación científica una multitud de sentidos a los que el grupo de hombres en donde aparecen generalmente los admite como jurídicos[25].

De cualquier manera, principio jurídico y principio liberal tienen enunciados diferentes. Mientras que el primero niega el carácter de ser un sentido jurídico a todo aquel que no haya sido establecido como tal por una norma jurídico-positiva general o individual, el segundo niega dicho carácter a todo sentido que no hubiera sido establecido como tal, al menos por una norma jurídico-positiva general[26].

24 SEBASTIÁN SOLER: *Derecho Penal Argentino*, pág. 119, t. I. Ed. "La Ley", año 1945, Buenos Aires.

25 Confrontar SEBASTIÁN SOLER: *Algunas observaciones a la doctrina de Hans Kelsen*, en "Anales", págs. 53 y 67, año 1, Córdoba.

26 Son válidas también las conversas de estas proposiciones.

i) *El principio jurídico y la ley eidética de la creación de los sentidos.*

El "principio jurídico", al expresar que "una norma jurídica existe si, y solamente si, esa norma jurídica ha sido establecida como tal", no expresa sino una particularización de una ley material apriorística más general.

Sabemos, en efecto, que Husserl ha señalado con acierto, como una de las características más relevantes de las objetividades que son un "sentido", la de tener que dársenos siempre originariamente como el producto de actos que las constituyen previamente a su posible aprehensión teórica. Se distinguen así, radicalmente, de aquellos otros objetos que no son un sentido, cuyo origen se encuentra en la pura pasividad.

Las normas jurídico-positivas, en tanto que objetivamente que son un "sentido", no podrían haber escapado a esta ley eidética, y no escapan también ellas, como condición indispensable de su existencia, necesitan de un acto que las constituya, y el "principio jurídico" es la proposición que menciona precisamente esa relación esencial.

La norma general y la norma individual*

Acotaciones fenomenologicas a un trabajo de Sebastián Soler

El doctor Sebastián Soler en su estudio sobre *La llamada norma individual*, ha señalado profundas diferencias entre la descripción que hace la ley, en su primera parte, cuando se refiere a la figura delictual y la descripción histórica que hace la sentencia en su relación de la causa. Entiende Soler, que la descripción legal y la descripción histórica de la sentencia, tienen distinto objeto y distinto *modo mencionante,* a pesar que nos podamos referir a sus temas con idéntica expresión. En efecto, una ley y una sentencia que enuncian un robo, por ejemplo, a través de esa única expresión, enuncian dos cosas distintas y de distinta manera.

Para Soler la oración: "si alguien se apodera de una cosa ajena. y la oración: "Ticio se apoderó de una cosa ajena..." son dos oraciones que encierran juicios distintos no solo por su forma lógica sino también por su objeto y por el modo que tienen de mencionarlo. El objeto del primero es una abstracción, una idea; el objeto del segundo, un hecho. El *modo mencionante* del primero es el anticipativo; el del segundo, el modo de lo ya ocurrido.

Soler ha utilizado estas diferencias, entre otros argumentos, para probar que la sentencia no es una norma. A nosotros nos parece que las diferencias anotadas por Soler entre los juicios mencionados no son un correcto argumento en favor de su tesis. Presuponen la identificación del concepto de norma con el de ley si quieren tener fuerza. Pero esta identificación tendría que ser el resultado y no el punto de partida.

A pesar de esto creemos que el eminente jurista ha mostrado verdaderos caracteres diferenciales entre la ley como norma general y la sentencia como norma individual y ha sido un acierto importante el haberlos destacado. Por consiguiente estas acotacio-

* Publicado en "La Ley", Buenos Aires, 1952, tomo 67, pág. 889. (*N. del C.*)

nes no son una crítica a esa distinción. Nuestro propósito tiene como única finalidad, precisar los fundamentos fenomenológicos que Soler ha usado en su labor. A nuestra manera de ver, las citas que hace de Husserl, al no ser totalmente ajustadas a las cuestiones debatidas en el texto, producen un oscurecimiento del tema.

Permítasenos, en este sentido, considerar, primero, la fundamentación fenomenológica a la diferencia entre ley y sentencia, en razón de sus diversos objetos; luego, la fundamentación fenomenológica de la diferencia entre aquéllas, en razón de sus diversos *modos mencionantes*, para terminar con un rápido análisis del problema de la verdad normativa para Husserl.

I

Estamos de acuerdo con Soler que la ley apunta significativamente, en el supuesto jurídico de su imputación coactiva, a un tipo de conducta, a una generalidad, mientras que lo expresado por la sentencia en su relato de la causa es siempre un hecho de conducta, una individualidad. Por consiguiente podemos afirmar fenomenológicamente, que los actos que constituyen esas distintas objetividades son distintos y corroborar esto con Husserl, conforme a lo que este autor dice en la p. 115 del t. 2 de las *Inv. Lógicas* (nota 13 del trabajo de Soler): "...el acto en que mentamos algo especifico es de hecho esencialmente diferente, del acto en que mentamos algo individual...".

Pero no nos sirve, para sustentar la diferencia entre ley y sentencia por sus distintos objetos, la cita de Husserl, transcripta por Soler, de un párrafo del parágrafo 91 de las *Ideas* en donde dice; "*...a cada vivencia es inherente un sentido noemático, y por mucho que este sea en distintas vivencias parecido, incluso en casos esencialmente iguales por su núcleo, en vivencias de distinto género es de distinto género, y lo común de un caso dado tiene por lo menos otros caracteres, y esto con necesidad.*

"Puede tratarse en general de un árbol en flor y encima puede este árbol aparecer de tal modo que la fiel descripción de lo que aparece en cuanto tal resulte necesariamente hecho con las mismas expresiones".

"Pero los correlatos noemáticos son esencialmente distintos en la percepción, la fantasía, la imaginación reproductiva, el recuerdo, etc.".

Porque el tema que trata Husserl en todo este parágrafo no se refiere a la diferencia de actos por la diversa clase de objetos que ellos mencionen, sino a la diferencia de actos por el diverso modo de darse sus objetos, pudiendo de esta manera haber distintos actos con el mismo objeto, p. ej.: un árbol en flor, y sin embargo ser actos distintos, porque ese mismo objeto es dado en uno de ellos como percibido, en otros, como recordado, etc.

Soler, como ya hemos dicho y luego lo analizaremos más en detalle, distingue ley de sentencia también por el modo de darse sus objetos *(modo mencionante,* dice Soler). Pero aquí no es a esa diferencia a la que apunta. Claro que si los objetos difieren según difieran sus modos de darse, podrían conciliarse ambas citas. Pero los objetos no difieren según difieran sus modos de darse. La distinción entre hecho e idea no se identifica con la distinción entre percepción y recuerdo o fantasía o reproducción rememorativa o reproducción anticipada, etc. Un hecho no deja de ser un hecho y se transforma en una idea por algún cambio de su modo de darse. El cambio del modo perceptivo al modo rememorativo o anticipativo, etc., de un hecho no lo cambia en idea. Lo que distingue a un hecho de una idea, es la distinta intuición con la que los aprehendemos en presencia: percepción sensible e intuición categorial.

Pero la percepción sensible de un hecho y la intuición categorial de una idea con mismidad, si bien son distintos actos con distintos objetos, tienen idéntico modo de darse: el de lo consciente originariamente; sin perjuicio de todas las modificaciones ulteriores que esa consciencia originaria, puede siempre sufrir.

En consecuencia la distinción entre hechos e ideas, realizada en el ámbito de los objetos, no se superpone con la distinción entre percepción y anticipación, realizada en el ámbito de las modalidades del darse dichos objetos. Ambas distinciones se entrecruzan. Luego no es lícito el uso de esta última para caracterizar la primera y la conciliación de las citas de Soler que buscamos no existe.

II

Pasemos ahora a ocuparnos de la otra diferencia que encuentra Soler entre ley y sentencia. Coincidimos plenamente con el maestro argentino en que el modo de darse del esquema de conducta descripto en el antecedente de la norma primaria es el de la reproducción anticipativa, mientras que el modo de darse del hecho concreto de conducta, que describe la sentencia en su relación, es el de la reproducción de lo ya ocurrido.

En efecto, el antecedente de un juicio hipotético tiene su origen constitutivo en un juicio posible y este juicio posible se fundamenta en una expectativa, es decir, en una anticipación. Por su parte, los juicios categóricos de una descripción histórica encuentran su fundamento en reproducciones rememorativas.

Pero, ¿a qué llama Soler *modo mencionante*?, ¿a los *modos de darse* que tienen los objetos cuando "*...lo idéntico es consciente una de las veces originariamente, otra en el recuerdo, una tercera en una imagen...*" (*Ideas,* parágrafo 99) que es como nosotros lo hemos interpretado? ¿O a los modos dóxicos, volitivos, afectivos, prácticos, etc., que frente a los primeros son "*...muy distintos y pertenecientes al* (núcleo noemático) *en forma muy diversa...*" pues "*...se subordinan a géneros radicalmente distintos o por decirlo así a dimensiones radicalmente distintas de caracterización...*" (*Ideas,* parágs. 102-103), es decir, a aquellos modos que en las *Investigaciones lógicas* Husserl denominaba como cualidad de los actos?

La cita que hace Soler en su nota 17 pareciera indicarnos que es en este último sentido como debiéramos entender la expresión "*modo mencionante*", pues transcribe como fuente de su pensamiento un análisis de Husserl acerca de que "*...el modo como una «mera representación» de una situación objetiva mienta este su «objeto» es distinto del modo como lo hace el juicio que considera verdadera o falsa dicha situación. Distintos son también el modo de la esperanza y el temor... etc.*" (*Investigación,* p. 150). Se trata de un análisis de las diversas cualidades de un acto.

Conforme a esto se podría suponer que la manera de referencia intencional a algo ocurrido y la misma, de referencia intencional anticipativa, serían para Soler cualidades en forma semejante a la mera representación o al juicio, por ejemplo.

La diferencia entre los distintos *modos mencionantes* de la ley y de la sentencia, se reduciría a la diferencia de juicios por su forma. La proposición "Juan robó" y la proposición "Si alguien roba..." tendrían el distinto *modo mencionante* del juicio categórico y del antecedente de un juicio hipotético respectivamente.

Juicio categórico y antecedente de juicio hipotético serían dos subcualidades de la cualidad juicio en general.

Nosotros entendemos que Soler no ha atendido a la forma lógica cuando se refiere al *modo mencionante.* Por supuesto no habría habido ningún inconveniente en que lo hubiera hecho. Tampoco creemos erróneo que de haberlo hecho hubiera advertido la diferencia formal que hemos señalado entre el relato de la causa de una sentencia y el antecedente de una norma general primaria. Y la cita de Husserl que comentamos nos conduce en esa dirección. Pero entendemos que no ha atendido a la forma lógica cuando se refiere al *modo mencionante,* por el interés que ha puesto en todo su trabajo en darle a la palabra "hipótesis" el sentido de anticipación y no de antecedente de un juicio hipotético. Por otra parte, en la misma nota 17, donde se transcribe el texto de Husserl arriba mencionado, hace también referencia al párrafo 91 de las *Ideas,* que como ya hemos visto se ocupa del modo de darse de los objetos.

Ahora bien, reproducción rememorativa y reproducción anticipativa son modos de darse de los objetos que no pueden confundirse con las subcualidades: juicio categórico y antecedente de juicio hipotético pertenecientes a otro orden de modalidades. Soler no lo ignora. ¿Por qué entonces la cita de la nota 17?

III

Por último analizaremos rápidamente la cuestión de la verdad normativa para Husserl.

Soler considera que un enunciado predicativo puede ser verdadero o falso de acuerdo con una posible confirmación o decepción intuitiva en su fundamento, pero no admite que una norma pueda ser interrogada por su verdad o falsedad. El mismo planteo de tal cuestión sería para él, un sin sentido.

Sabemos que la opinión en favor de lo sostenido por Soler es grande y autorizada. Contemporáneamente la escuela escandinava de Upsala, el danés Alf Ross, el norteamericano Charles Stevenson, Rudolf Carnap y los empiristas lógicos, entre otros no admiten significación teorética a las normas, privándolas así de todo posible enjuiciamiento sobre su verdad o falsedad.

Sin embargo nosotros disentimos. Para nosotros las normas son actividades siempre legitimables en una evidencia.

No importan aquí los argumentos en favor de nuestro punto de vista. Lo que importa es que creemos que Husserl concuerda con él.

Para Husserl toda actividad del yo es un acto que si no es actualmente objetivante es por lo menos potencialmente objetivante. Entendemos que para Husserl las normas son el producto de actos actualmente objetivantes. Pero si dejándonos llevar por varias expresiones de ese autor consideramos a las normas como productos de actos potencialmente objetivantes también corresponde se cuestione sobre su verdad, pues sabemos que para Husserl la evidencia no es solo un rótulo de los procesos racionales en la esfera de la creencia sino que es válido también para todas las esferas téticas. *"La verdad «doxológica» o «teórica», o la correspondiente evidencia tienen sus paralelos en la «verdad o evidencia axiológica y práctica»"*, dice Husserl (*Ideas,* p. 334).

Soler en nota al texto donde desarrolla su opinión remite al parág. 68 de la 6ª *Investigación Lógica* de Husserl (p. 214). Debe tratarse de una nota de confrontación de opiniones y no de conformidad con la propia. Sin embargo hubiera convenido que Soler lo destacase.

La interpretación de la ley* [1]

El presente trabajo quiere analizar la crítica de Sebastián Soler, a la teoría sobre la interpretación de la ley de Carlos Cossio,

Su desarrollo se realizará en tres pasos:

1. Exposición de la argumentación de Soler frente a Cossio.
2. Análisis de la argumentación de Soler.
3. Análisis de los supuestos filosóficos de la teoría egológica sobre la interpretación de la ley.

1. Exposición de la argumentación de Soler frente a Cossio

El intento que Soler en los *Valores jurídicos*[2] ha realizado consiste en demostrar que la aplicación de la concepción subjetivista de los valores a la interpretación del objeto derecho, tal como la han querido hacer algunas teorías jurídicas, entre las que podrían destacarse la teoría procesalista de Fritz Sander y la teoría egológica de Carlos Cossio, lleva a conclusiones científicamente erróneas y socialmente disvaliosas.

1.1. Psicologismo

El resultado característico de esas teorías ha sido, para Soler, que, al dar por resuelto el problema de los valores con relación al derecho, en favor del psicologismo o relativismo, han dejado de ver que la valoración jurídica está objetivamente soportada por la norma para apoyarla entonces, en oposición a esa idea, pura-

---

* Trabajo publicado por Sebastián de Amorrortu e Hijos S. R. L. en Buenos Aires, 1951. (*N. del C.*)

1 Estas mismas ideas han sido publicadas en "Philosophy and Phenomenological Research", pág, 554, vol. XIII (1952/53), Buffalo, Nueva York, bajo el título "Discussion Sebastian Soler on judical values" por lo que este artículo no fue incluido en esta recopilación. *(N. del C.)*

2 S. Soler, *Los valores jurídicos*, "Rev.. Jur. de Córdoba", año I, nº 2, 1947, pág. 219.

mente en la cabeza del juez. Los jueces serían, de esta manera, los verdaderos creadores del derecho, negándose la clásica identificación entre derecho y norma jurídica. Y así, Sander creería que lo que ha impedido ver con claridad que los juicios jurídicos son juicios sintéticos y existenciales, ha sido precisamente el *dogma* de la normatividad. El derecho no debe buscarse en las normas, sino en las manifestaciones concretas de la autoridad, en las resoluciones. Mientras que Cossio, a su vez, consideraría que las normas jurídicas son únicamente pensamientos a través de los cuales el jurista menciona al derecho, que siempre es conducta humana en interferencia intersubjetiva.

Pero para Soler, la antiquísima cuestión sobre la naturaleza del valor no está de ninguna manera solucionada. Se trata de un problema eterno y quizá sin alcanzable contestación definitiva. Sólo por razones de ingenuidad, piensa Soler, han podido aquellas teorías fundarse en la tesis de la verdad del subjetivismo y admitir como indiscutible la imposibilidad de que los valores se objetiven en la norma y sea necesario buscarlos, por consiguiente, en la psique individual de algún hombre.

Además, es de gran importancia destacar, dice Soler, que los representantes modernos más eminentes de la concepción subjetiva, cuando se ocupan de las valoraciones cristalizadas socialmente, como es, por ejemplo, el derecho, hacen ciertas fundamentales reservas. Así, Christian von Ehrenfels habla de *valores imperativos para todos nosotros* y Müller-Freienfels distingue entre valoraciones vividas y valoraciones admitidas o tradicionales. Las valoraciones cristalizadas socialmente no serían para ellos mero producto del espíritu del individuo, sino externas a él y coactivas.

En consecuencia, cree Soler que, sea cual fuere la correcta contestación al interrogante axiológico en la esfera de los valores en general, y aunque se estuviera impedido, por la propia índole metafísica del problema, como ya hemos dicho, de conseguirla definitivamente, con respecto a los valores jurídicos, parece no haber duda acerca de su naturaleza objetiva. La teoría procesalista, la teoría egológica, y las teorías semejantes a ellas, dan la impresión de ignorar las correcciones marginales válidas para el derecho hechas por los propios defensores del subjetivismo de los valores.

1.2. DESVIACIÓN Y DESINTERPRETACIÓN DE KELSEN

Un ejemplo de prudencia en esta materia es el dado por Kelsen. Aunque se trata de un típico sostenedor del subjetivismo y del relativismo de los valores en general, con respecto al derecho es un objetivista riguroso.

Pero, a decir verdad, la coincidencia de opiniones sobre la objetividad de las valoraciones sociales y jurídicas no es, para Soler, en nada sorprendente. El más simple análisis psicológico del proceso de la captación del valor nos conduce con necesidad a esta conclusión. En efecto, en todo acto de valoración nos encontramos con que el individuo que valora tiene conciencia de un plano desde donde enjuicia lo valorado; el contenido de este plano sobre cuya base el individuo valora, puede serle dado, o como algo propio de su más íntimo yo, o como algo que no comparte, como algo ajeno; este contenido, que en cualquiera de sus dos especies mencionadas es a lo que llamamos valores, se impone constrictivamente aun en plena discrepancia con las preferencias personales; la conciencia del sujeto lo caracteriza siempre, en consecuencia, como algo no creado por ella, algo objetivo.

La confusión en la que han caído las teorías que radican los valores jurídicos en la mente del juez quizá tenga su origen, para Soler, en una mala interpretación inicial acerca de lo que es una norma. Claro que si la norma jurídica fuera el simple esquema lógico: "dado *A* debe ser que es como comúnmente la conciben, se hace imprescindible que alguien, ya sean jueces o súbditos, la rellene materialmente. Pero es que la norma no es esa forma hueca, sino que conjuntamente con esa estructura formal se dan también en ella, necesariamente, enunciados de conducta que tienen pleno contenido valorativo. Sin ellos no tendría una norma sentido inteligible alguno. El contenido valorativo no es puesto, por consiguiente, ni por el súbdito ni por el juez. Y esto se hace evidente cuando el propio súbdito, valorando subjetivamente como más favorable para él la sanción que el cumplimiento de la obligación impuesta por la ley, comete delito. A pesar de ello, sabe que lo que realiza es un delito, esto es, sabe que la valoración realmente jurídica no es la que él subjetivamente ha admitido para su caso concreto, sino la dada en la norma. Lo que le sucede al súbdito también le sucede al juez. De lo contrario, perdería toda significación posible el concepto de prevaricato. El acto que desencadena la sanción resulta siempre de una comparación entre un valor jurídico reconocido y la acción cumplida. El juez no capta ese valor en la conducta que enjuicia. No lo crea ni lo aprehende por medio de procedimientos misteriosos. El valor jurídico está dado por la ley y preexiste a la sentencia y al hecho que se valora.

Si el derecho fuera creado por los jueces, la fuente del derecho sería algo extraño al derecho. Cuando la teoría egológica, con el fin de evitar ese sincretismo, considera al juez como órgano creado por el derecho, es decir, considera que un individuo es juez en tanto y en cuanto actúa dentro de ciertas y determinadas formas debidas, establecidas normativamente, entonces, con esta excepción en favor del derecho procesal no creado por los jueces, aparece una gravísima inconsecuencia de la que aquella teoría no se hace cargo. Por el contrario, la teoría procesalista, en este, como en muchos otros puntos, se ha adelantado a la teoría egológica y enfrentando la objeción le da la única solución coherente dentro de su sistema. Hemos dicho que para Sander lo que constituía el derecho era la cosa juzgada. Pero a esta la concibe como un proceso en gradual despliegue dinámico de preceptos. El despliegue se extiende desde el derecho internacional hasta el acto individualizado y concreto. La relación entre este último acto y la ley no es sino una relación entre preceptos de distinto grado y de la misma naturaleza que la relación existente entre la ley y la constitución, en un escalón superior. Acentuando la importancia del nexo gradual formal de las normas, se desdibuja, para Sander, el valor de los contenidos normativos, llegando a atribuir en consecuencia a la ciencia procesal la calidad de reina de todo el derecho.

Pero aun pasando por alto la inconsecuencia de suponer al juez como juez solo dentro de las normas formales, sigue siendo falsa la tesis egológica de que las valoraciones jurídicas substanciales son creadas por el juez. Pues si se admite que el juez al dictar sentencia funda su resolución no en los valores prescriptos por las normas jurídicas substanciales que se relacionan con el caso, sino en los valores que extrae del seno de su más íntima vida personal, no tendría sentido estorbar por medio de normas jurídicas las funciones endopáticas del órgano en su actividad creadora. Ahora que negándose de esa manera la necesidad de normas reguladoras de la conducta humana, se niega el sentido esencial del orden jurídico, que es el de prever las consecuencias de lo ilícito.

La fuente profunda de todos estos errores cometidos por las teorías jurídicas que hemos aludido parece consistir, para Soler, en el desconocimiento y en la falsa interpretación de Kelsen, Husserl y Kant. Utilizando las ideas de estos filósofos, habrían querido reducir el derecho a una ciencia de experiencia y su teoría a una "critica de la razón pura" jurídica. Y todo ello a pesar de la expresa declaración de Kant, que niega en absoluto que el derecho pueda ser un fenómeno; de la tajante separación de Kelsen entre ciencias normativas y ciencias fácticas; y de los resultados de las investigaciones de Husserl sobre las normas y sus fundamentos en juicios de valor.

1.3. Peligro social

La teoría procesal de Sander, de la misma manera que la teoría egológica de Cossio y que cualquiera otra teoría que, orientándose sobre bases semejantes, declare como atributo propio de la función judicial el ser creadora de derecho, no solo comete la equivocación que se ha tratado de demostrar desde el punto de vista científico, sino que, para Soler, constituye un grave peligro social por la intención consciente o inconsciente que sustentan de transformar a los jueces de aplicadores respetuosos de la ley en una especie de minúsculos Führer por cuyas bocas hablaría el único derecho.

2. Análisis de la argumentación de Soler

La rápida reseña que acabamos de hacer, de la manera más rigurosa que hemos podido, nos permite descubrir cuál ha sido la estructura interna del pensamiento de Soler.

De entrada conviene destacar, como algo evidente, el carácter polémico de todo el trabajo. Por otra parte, el ataque a las posiciones adversarias se nos muestra dirigido no solo por divergencias de orden científico, sino también por determinados puntos de vista políticos (liberalismo). Además, aunque la discusión se centra, al parecer, sobre la teoría de Sander y la teoría de Cossio, es principalmente hacia esta última contra quien apunta.

La idea rectora alrededor de la cual se ha desenvuelto toda la investigación consiste, tal como anticipamos en un comienzo, en la demostración que la tesis que sostienen Sander y Cossio, es decir, la facultad creadora de los jueces resultante de la subjetivación de los valores jurídicos, es una tesis errónea, y que, siendo característica de la doctrina autoritaria, constituye un peligro social.

De acuerdo con ello, nuestro análisis crítico tratará de contestar someramente a las siguientes preguntas:

2.1. ¿Es Carlos Cossio un sostenedor del subjetivismo con referencia a la teoría de los valores en general?

El subjetivismo psicológico es algo completamente opuesto a las bases filosóficas utilizadas por la teoría egológica.

Cossio distingue, dentro de la esfera axiológica que tiene relación con el derecho, los valores verdaderos, tales como la justicia, la seguridad, el orden, etc., y los valores reales, como podrían ser los expresados en una norma de derecho positivo.

Estos últimos, constitutivos del sentido jurídico, tienen la realidad propia de las creaciones de la cultura. En esta situación se hace difícil pensar que se pueda creer que tales creaciones caracterizadas por Cossio como existentes y experimentables sensiblemente no son objeto para él, sino solo cierto tipo de reacciones subjetivas.

Por otra parte, los primeros, esto es, los valores verdaderos o valores puros, como la justicia, la seguridad, el orden, etc., tampoco son para Cossio meros fantasmas producidos por actos afectivos. Son ellos objetos de carácter metafísico. Consecuente con las enseñanzas de Husserl respecto a la estructura de las esencias, no entiende Cossio que los valores sean cierto tipo especial de entes suprasensibles. Pero negarle el carácter de entes no es negarles la objetividad. Cossio radica los valores verdaderos en la trascendencia y los ve como ciertas modalidades propias de esta a las que él llama categorías de futuridad.

Claro que la actividad con que accedemos, sea a los valores reales, sea a los valores verdaderos, es siempre una actividad psicológica. Pero lo accedido, esto es, el objeto cultural o el objeto metafísico, no se disuelve por ello en algo de naturaleza mental. La valoración como actividad de valorar, así como la comprensión del ser como actividad de comprender, pertenecen, para Cossio, a un orden de cosas diverso al que corresponde a los valores reales y a los valores verdaderos. Se podrá estar de acuerdo o no con las determinaciones que hace Cossio sobre los valores reales o los valores verdaderos, pero no es posible negar que les atribuye el carácter objetivo. Como presunción de la verdad de nuestra crítica cabe decir que las doctrinas principales que maneja para elaborar su axiología, la de Kant, Natorp, Max Scheler, Hartmann, Heyde, Husserl y Heidegger, son todas ellas objetivistas, por lo menos en el campo de la ética.

Vale alegar también en este sentido, a pesar del escaso valor que en general conviene conceder a la opinión de los propios autores sobre su obra, el siguiente párrafo de Cossio, extractado de su trabajo *El principio "nulla poena sine lege" en la axiología egológica,* sobre la posibilidad o imposibilidad de encontrar un contenido objetivo para el valor justicia. Dice Cossio: *En las tentativas para definir su contenido, autores como Weber, Kelsen y Radbruch se han pronunciado negativamente. No hay un contenido de justicia determinante por la razón. El contenido de justicia emerge irracionalmente de lo más profundo de nuestra conciencia y aun acaso solo de nuestra voluntad... Frente a esta respuesta irracional, la línea áurea de la filosofía greco occidental —con Sócrates, Platón, Aristóteles, Tomás de Aquino, los cartesianos, Spinoza, Leibniz, Kant—, si bien en tentativas fracasadas, ha creído que la razón podría determinar cuál era el contenido de la justicia verdadera... La teoría egológica encuentra en la metafísica existencial el fundamento para decidirse por este último punto de vista.* "La Ley", Buenos Aires, 28-XII-1947, pág. 4.

Por último, contestando a Soler ha dicho posteriormente Cossio en el *Panorama de la teoría egológica,* a este respecto: *Esta increíble confusión entre el hecho de que la existencia del valor reclama la conciencia de un sujeto valorante y la idea de que esta subjetividad significa que el sujeto podría decidir a su gusto qué es valioso y qué no lo es, constituye la principal deficiencia del ataque que en la Argentina dirigen a la axiología egológica algunos juristas muy distinguidos, como Sebastián Soler, Ricardo C. Núñez, Alfredo Orgaz, Luis Jiménez de Asúa y otros. Es Soler quien ha definido las líneas con más pretensiones jusfilosóficas...* (pero) *el preclaro criminalista, a pesar de la bibliografía que da para respaldar su ataque, se mueve dentro de la simple y primitiva oposición de subjetivismo y objetivismo de los valores en el duelo Meinong-Ehrenfels... Soler no ve que este dilema está superado —con superación confirmada— dentro del existencialismo porque la conciencia de un sujeto valorante como constitutiva de la existencia de un valor no significa que el sujeto mismo sea la medida del valor.* ("Revista de la Facultad de Derecho", nº 13, pág. 92, Buenos Aires.)

2.2. ¿ES SUBJETIVIZAR EL DERECHO ATRIBUIR AL JUEZ FACULTAD CREADORA?

Se hace necesario contestar esta segunda pregunta, porque bien podría ser que Cossio no sustentara expresamente la doctrina subjetivista de los valores en general y hasta se podría suponer se declarara partidario del objetivismo en relación a los valores jurídicos, pero que con falta de consecuencia a estas premisas generales, al aceptar como facultad esencial del juez su poder creador, implicase con ello una tácita aceptación del subjetivismo.

Esta cuestión requiere una correcta clarificación del significado del concepto de creación judicial dentro de la teoría egológica. Para ello conviene poner previamente en descubierto el sentido que Kelsen atribuye a la función de creación y a su correlativa función de aplicación como las fuentes originarias de aquél.

Es sabido que para Kelsen el derecho como sistema de normas observado en su dinamismo es un proceso que se extiende desde una estructura apriorística, la norma fundamental hipotética, hasta el hecho de la ejecución. Las normas jurídicas positivas forman los eslabones de la cadena que une aquella norma con este hecho. El específico tipo de unión de norma con norma se expresa en el principio que dice que el derecho regula su propia creación. La norma superior determina el órgano y el procedimiento para dictar una norma inferior; a veces determina también el contenido.

Cuando se dicta una norma inferior por el órgano establecido por la norma superior y de acuerdo con el procedimiento prescripto por ella, si la norma superior no ha determinado el contenido no es difícil entender la naturaleza, creadora de sentido jurídico, del órgano con relación a la nueva norma. Pero si la norma superior también ha determinado el contenido, el problema se complica. Al parecer, la norma inferior sería mera aplicación de aquélla. Sin embargo, Kelsen considera que nunca puede una norma superior determinar el contenido de una norma inferior de tal manera que impida al órgano añadir algo nuevo en ella y en consecuencia que siempre una norma es creación.

Por otra parte, y correlativamente con el carácter de creación, una norma es siempre aplicación de otra. Así, si la norma superior determinase solo el órgano en quien delegara la función de crear, sin limitaciones materiales de ninguna índole, toda norma inferior creada por dicho órgano sería la aplicación de la superior, por lo menos en lo que respecta a quien la dicta.

En consecuencia, el órgano no es libremente creador, sino que siempre debe actuar dentro de un marco normativo superior que le es dado objetivamente.

Los jueces al dictar sentencia crean también derecho por medio de sus normas individuales, sin que ello signifique que al crear no apliquen las normas jurídicas superiores calificadoras de su actividad y generalmente también limitadora del contenido de sus decisiones. Cuando un juez dicta una sentencia contraria a una ley material, si se trata de un juez de última instancia, no tendría sentido para Kelsen decir que es una sentencia contra ley, pues el derecho positivo, al nombrarlo juez de última instancia, le ha conferido la facultad de ser el único intérprete de la legalidad de su sentencia.

Sabemos que Soler no concuerda con estas conclusiones de Kelsen, pero a pesar de ello lo considera un representante de las teorías que aceptan la objetividad de los valores jurídicos.

¿Qué ha modificado Cossio en la interpretación del concepto de creación judicial para poder afirmar que tal tesis es una perspectiva subjetivista del derecho?

Cossio, como Kelsen, admite que la actividad judicial es creadora de derecho. Pero lo mismo que para aquél, no se trata de una creación voluntaria amorfa, sino de una creación voluntaria estructurada, esto es, que siempre es, además de creación de una norma inferior, también aplicación de una norma superior.

Claro que si la sentencia no se encuadra dentro del marco de la ley material que contempla el caso y es dictada por un juez de última instancia, no deja de ser sentencia para la teoría egológica, pero no es pura creación, pues de acuerdo con la idea de Schreier, basada en la posición de Kelsen, se aplica una norma positiva, la norma de habilitación, consecuencia lógica de que el derecho positivo considere a un juez, juez supremo.

Como se ve, el mecanismo de la creación-aplicación normativa descripto por Kelsen y el descripto por Cossio son fundamentalmente semejantes. De allí que todas aquellas *catastróficas consecuencias* a las que, a criterio de Soler, nos conducen las teorías que confieren a los actos de los funcionarios valor constitutivo y creador de derechos tales como: *la voluntad pura se va desarrollando en un proceso ininterrumpido, en esa continuidad ni las revoluciones constituyen una cesura, el derecho internacional es la corona de todo derecho, hasta en su acto más individualizado y concreto la validez está garantizada por la dinámica procesal, cada una de cuyas conclusiones es constitutiva y no declarativa, no hay delito antes del proceso, la cosa juzgada es la expresión de la necesidad jurídica, negar que las normas tengan destinatario alguno,* son exactamente tesis fundamentales kelsenianas.[3]

Si se admite el objetivismo de Kelsen, tiene que admitirse el objetivismo de Cossio en todo lo referente al momento dinámico-jurídico de creación y aplicación.

Claro que, a nuestro criterio, Kelsen dice diferente que Cossio, negándole a la norma sentido axiológico, mientras que para este la norma es la representación de un objeto valioso. Pero esto no es lo cuestionado aquí por Soler, y nosotros lo trataremos más adelante.

2.3. ¿Es contraria a la posición liberal en política la conclusión teórica de que el juez crea derecho?

La teoría pura de Kelsen, de la misma manera que la teoría egológica de Cossio, sostiene que es posible y necesario que el juez cree derecho.

Soler ve un error de carácter científico en esa afirmación. No niega que sea posible que los jueces creen derecho, pero de ninguna manera admite su necesidad. Pero siendo posible, la equivocación

3 En la *Teoría General del Derecho y del Estado* —trad, E. G. Maynez— encontramos a ese respecto las siguientes expresiones de Kelsen, por otra parte comunes en todas sus obras: pág. 140: "El proceso a través del cual el derecho constantemente se crea a sí mismo. Pág. 232: "El orden establecido por la revolución o el golpe de estado tiene que considerarse como una modificación del viejo orden, no como un orden nuevo." Pág. 140: "...(la función judicial) no tiene en modo alguno, como algunas veces se piensa, un carácter puramente declarativo... Tanto al establecer la presencia de los supuestos como al estimular la sanción, la decisión judicial tiene un carácter constitutivo." Pág. 141: "Sólo al quedar establecidos a través de un procedimiento legal, aparecen los hechos en la esfera del derecho o, por decirlo así, adquieren existencia dentro de la misma esfera... tan pronto como el caso se convierte en *resjudicata,* la opinión de que la norma individual de la sentencia no corresponde al precepto general que aquélla debe aplicar pierde toda importancia jurídica." *Teoría General del Estado,* trad. L. L. Lacambra, pág. 71: "La proposición jurídica no se «dirige» absolutamente a nadie..."

de aquellas teorías que consideran necesaria la facultad creadora de los jueces podría ser un argumento en favor de la facultad creadora. Y siendo esta, para Soler, una valoración característica de la ideología totalitaria, las opiniones doctrinarias que sustentan aquel error adquieren el carácter de socialmente peligrosa para una ideología liberal.

Si el nacionalsocialismo alemán propició la idea de que el juez debía libremente crear valores jurídicos, no puede confundirse esto con la conclusión ontológica de que el juez siempre es creador de derecho. Sobre todo cuando el concepto de creación se lo limita como Kelsen. Porque aquí se establece que el juez crea siempre derecho ya dentro de la ley material pertinente, ya fuera de ella, pero dentro de la norma de habilitación (si es juez de última instancia); pero no se dice que el juez deba hacerlo de una o de otra manera. Es evidente que no está reñida esta conclusión con la existencia de un principio general que considere que el juez debe crear la norma jurídica individual al dictar sentencia, aplicando la ley material correspondiente al caso y no fuera de ella, es decir, de acuerdo con la estimativa liberal que defiende el principio *nulla poena sine lege.*

3. Análisis de los supuestos filosóficos de la teoría egológica sobre la interpretación de la ley

Soler ha sentido una inseguridad peligrosa en la doctrina de Cossio. Pero esta inseguridad no es consecuencia de un subjetivismo axiológico o de la teoría de la creación judicial, como pretende Soler. La inseguridad vislumbrada reside en la caracterización del derecho como valoración y no como imputación jurídica, es decir, como objeto que se constituye gracias a un acto axiológico y no como objeto que se constituye gracias a un acto intelectual neutro a todo valor. Soler, cualquiera sea la diferencia que lo separe de Cossio, también hace ingresar a los valores como elementos constitutivos del derecho. La falta de seguridad que él enrostra a Cossio puede serle enrostrada por los mismos títulos a él.

Sólo si, como Kelsen, se le niega al derecho todo carácter valorativo, reduciéndoselo a una imputación de la conducta prescripta coactivamente por el órgano, es permitido entonces hablar de una posible seguridad jurídica a establecerse por medio del derecho legislado.

3.1. La ley escrita como expresión de una valoración jurídica y como expresión de una disposición jurídica

En efecto, si la ley prescripta por el legislador porta o soporta o representa una conducta debida en razón de la justicia o valoración jurídica que entraña la realización de esa conducta para el legislador (aun cuando se admita que la justicia o valoración jurídica es un criterio objetivo de referencia), y el juez o el súbdito, en su caso, no ven que la realización de una conducta concreta de la especie mencionada por la ley actualice la justicia o valoración jurídica, es decir, actualice el criterio objetivo de referencia, el deber realizar una tal conducta no tendría fundamento, por haberse eliminado la razón valorativa en la que se basaba. Y si se afirma, con el objeto de evitar la inseguridad que implica esta posición, que no es necesario que el juez o el súbdito comprendan como una actualización de la justicia la realización de una conducta prescripta por la ley, sino que la valoración fue hecha por el legislador y que eso es lo importante, y que la conducta es debida porque *así* fue establecida, claro que la conducta debida deja de ser conducta debida para el juez o para el súbdito por razones axiológicas, para pasar a fundarse en el *así*, esto es, en un acto de disposición coactiva del órgano, interpretada imputativamente. El sentido de la conducta debida no es más una valoración objetiva hecha por el legislador y reiterada objetivamente por el juez o el súbdito, sino un disponer *así* coactivamente por parte de aquel que en virtud de cierta eficacia general permite interpretárselo imputativamente. Porque si bien un disponer, como todo tipo de acto voluntario, se basa en una valoración, la objetividad axiológica que le sirve de apoyo desaparece del primer plano después de cumplir su cometido y el sentido que constituye la conducta como debida no es sino un sentido estrictamente intelectual, fundado en aquel acto volitivo de disposición. La seguridad que resulta de eliminar del juez o del súbdito la actividad valorativa en el momento de la comprensión de la ley, trae aparejada la necesidad de negarle carácter valorativo al derecho positivo, admitiendo que se trata solo del producto de un acto de prescribir coactivo del órgano, interpretado imputativamente. Porque un objeto axiológico, como sería la conducta jurídica si le atribuimos sentido valorativo, para ser conocido, necesita ser valorado por la persona que lo trata de conocer. Mientras que un objeto volitivo, como sería el fundamento de la conducta jurídica cuando la pensamos basada en una disposición coactiva, no necesita para ser conocido como *algo dispuesto*, ser también dispuesto por la persona que lo trata de conocer.

Es esto lo que repercute en el problema de la interpretación de la ley. Si la ley es una expresión significativa de una valoración jurídica del legislador, tiene que ser interpretada de diferente manera que si la ley es una expresión significativa de una prescripción coactiva del legislador. Se puede saber que alguien valora una acción como justa porque, por ejemplo, así lo manifiesta verbalmente o por escrito, sin que eso implique que el que sabe también reconoce la acción como justa. Entendiendo la expresión verbal o escrita del otro, se sabe que la acción es justa para aquél, pero puede parecer injusta y así declarárselo verbalmente o por escrito. En esta situación, lo que sucede es que se entiende el pensamiento de la otra persona, aunque como pensamiento vacío, es decir, confuso, pues falta aquí la intuición de lo mentado en el pensamiento, intuición que de cumplimentarlo adecuadamente lo traería a claridad. Y como, al contrario, se ha producido en ese intento un acto de decepción, el pensamiento se rechaza como no correspondiente a la objetividad intuida.

También puede saberse que alguien ha dispuesto que se realice una acción porque, por ejemplo, así lo ha manifestado verbalmente o por escrito. Pero si se sabe que alguien ha dispuesto esa acción, ello implica, al que sabe, el reconocer tal acción como dispuesta. Si entiende la expresión verbal o escrita y sabe que la acción ha sido dispuesta por aquél, no puede parecerle en ningún momento no dispuesta por aquél sin contradicción. El objeto mencionado por la expresión significativa verbal o escrita ajena de disposición, no necesita ser reconstruido para intuírselo por otro en un acto de disposición propio, de manera opuesta a lo que pasa con el objeto mencionado por la expresión significativa de una valoración.

3.2. La ley escrita para la teoría egológica

Cossio ha desarrollado hasta sus últimos extremos la idea de que el objeto del derecho, por ser conducta humana en interferencia intersubjetiva, es un objeto axiológico, esto es, que el sentido del derecho es una valoración jurídica. En consecuencia, es completamente coherente cuando analizando la función judicial dentro de un sistema de derecho legislado considera que si bien la ley le está dada *a priori* al juez en el acto de sentenciar,[4] le está dada solo como pensamiento que el juez necesita repensar; pero que tratándose de un pensamiento sobre una objetividad valiosa, necesita también valorarla[5] si quiere conocerla. Porque, como ya dijimos, se puede repensar cualquier pensamiento anterior de cualquier otro; ahora que, si se trata de un pensamiento valorativo, para conocer la objetividad mentada, la intuición necesita siempre de un acto de valorar preconstituyente.

Pero permítasenos exponer rápidamente la posición de Cossio frente a la cuestión de la interpretación de la ley.

Para Cossio, el problema de la interpretación de la ley es fundamentalmente el problema de la interpretación judicial.[6] El científico, cuando conoce, tiene que colocarse siempre en la posición de un juez. Por otra parte, para la teoría egológica, la interpretación judicial no se resuelve en una interpretación de la ley, sino en una interpretación de la conducta mediante la ley.[7] Interpretar es ese conocer por comprensión que tiene el juez de la conducta del súb-

---

4 C. Cossio, *La teoría egológica,* ed. Losada, Buenos Aires, 1944, pág. 243: "De acuerdo con todo esto, en el derecho consuetudinario la norma general no puede suscitar la vivencia jurídica de una contradicción con la sentencia, porque ambas normas, la individual y la general, en tanto que pensamientos, se constituyen en el mismo acto de una misma persona, a saber, el juez que sentencia...

"Distinto es lo que ocurre en el derecho legislado, porque el pensamiento de la norma general está constituido anticipadamente por aparte, y dado, en tanto que pensamiento al juez, que todo lo repiensa."

Idem, pág. 242: "El juez del derecho legislado actúa, pues, sobre el pensamiento del legislador, y lo que a él le está dado *a priori* es este pensamiento y no otra cosa."

5 C. Cossio, *La teoría egológica,* pág. 239: "De este modo resulta que al intérprete no le basta pensar en el hecho externo de conducta representado en la ley, sino que además tiene que vivir el sentido jurídico de esa conducta, recreándolo en su propia conciencia, y sin el cual no la puede conocer como conducta".

6 C. Cossio, *Ciencia del derecho y sociología jurídica,* "Rev. de la Fac. de Derecho *y* C. S-", nº 7-8, 1950, pág. 845: "...el jurista, para poder ser sujeto cognoscente, tiene que colocarse en el lugar del juez o, en general, del órgano. El jurista, por necesidad, escribe para el juez diciéndonos siempre lo que él haría si fuera juez".

7 C. Cossio, *El derecho en el derecho judicial,* ed. Kraft, Ltda., Buenos Aires, 1945, pág. 128: "Para la teoría egológica el problema es muy distinto. No se interpreta la ley; aquí se trata de interpretar la conducta humana por medio de o mediante la ley. Esto es lo que está realmente en juego cuando se habla de la interpretación de la ley. Desde nuestro punto de vista, si el objeto de conocimiento es la conducta humana en su interferencia interpretativa, no puede sorprender lo que acabamos de anunciar, a saber: que no se interpreta la ley, sino la conducta humana, mediante la ley".

dito en interferencia con la suya.[8] Este conocimiento implica necesariamente una valoración por parte del juez de esa conducta a partir de una serie de circunstancias de hecho.[9] Si la interpretación judicial se realiza dentro de un ordenamiento jurídico legislado, se tratará de una comprensión conceptualmente emocional, a diferencia de la comprensión usualmente emocional si la interpretación fuese de un derecho consuetudinario.[10] En el primer caso, entre las circunstancias, y en lugar especial, también se encontrará la ley [11] que da fundamento a la sentencia. Claro que la ley es una circunstancia muy característica, porque va a servir, una vez aceptada por valoración, para dar el sentido valorativo directamente por medio de una deducción a ciertas circunstancias y para constituir el ámbito dentro del cual el juez dará el sentido valorativo de manera empírico-dialéctica a otras ciertas circunstancias. Valoración de la ley, deducción a partir de la ley del sentido para ciertas circunstancias y valoración de otras circunstancias del caso dentro del ámbito permitido por la ley, es un acto único realizado por el juez en el momento de sentenciar.[12] Sin embargo, desde el punto

---

8 Idem, pág. 129: "...ahora bien, interpretar la conducta humana es conocerla en su sentido, conocerla por comprensión".

9 C. Cossio, *Ciencia del derecho y sociología jurídica (loc, cit.)*, pág. 843: "Este algo que tiene a conocer siempre es él mismo (el juez) interfiriendo con una persona como persona en la concreta significación que ambos alcanzan frente a un determinado comportamiento de esa persona. La pregunta ¿qué voy a hacer?, en el sentido de qué obrar se va a compartir con la persona juzgada, no es, por cierto, una pregunta extraña a la función judicial. Y como el comportamiento compartido en general va tomado en su interferencia intersubjetiva también con el juez, la normación judicial expresa a un tiempo el pensamiento de sí misma que corresponde a ambas conductas, la del reo y la del juez, aunque diversamente: para el reo, como sanción, y para el juez, como prestación".

10 Idem, pág. 129: "...aquella pregunta inicial: ¿cómo ha de interpretarse la ley? es una cuestión mal planteada y que, por lo tanto, en sus términos literales es imposible de contestar, porque no es la ley lo que se interpreta, sino la conducta humana mediante la ley".

11 C. Cossio, *El derecho en el derecho judicial*, pág. 92: "Las circunstancias del caso siempre son la base de la valoración; siempre se valoran circunstancias del caso. Pero como la ley, por ser un concepto empírico, es también, en liarte, circunstancias del caso, según aclarábamos más arriba, se tiene por fuerza que presentar el problema de que la ley misma sea valorada".

12 C. Cossio, *El derecho en el derecho judicial*, pág. 99: "Por último, ha de señalarse que la valoración jurídica del juez, es única; no son las valoraciones las que trae una sentencia, en el sentido do que se habría de valorar, por un lado, las circunstancias no imputadas por la ley, y, por el otro lado, la propia ley. La valoración judicial es única y sus dos perfiles operan en un acto indisoluble, porque es uno solo el acto de sentencia. El hecho de que ella tenga dos direcciones posibles no quita que en ambos cumpla la misma función axiológica de individuación en el juego normativo".

C. Cossio, *La teoría egológica*, pág. 84: "...el juez valora no solo las circunstancias del caso creando *a posteriori* la imputación individual, sino que también valora a la ley y a la consti-

de vista lógico, y dada la importancia que asume la ley en el acto de la interpretación judicial, cabe decir que la valoración de la ley y su aceptación como integrante y fundamento del sentido del caso son previas al momento deductivo y al momento valorativo de las otras circunstancias.[13] Pero conviene destacar que esta prioridad lógica de la ley necesita de una valoración inmanente al caso, pues la aceptación o rechazo de la ley como ley aplicable o no, necesita que el sentido del caso sea aprehendido y que se considere que el sentido expresado por la ley es adecuado o no al mismo.[14] Cuando un caso se puede subsumir en la universalidad conceptual de una ley, pero el sentido valorativo expresado por la ley es comprendido como el sentido inmanente del mismo, la ley tiene que ser rechazada al ser valorada como ley no aplicable.[15] Porque el juez ha encontrado valorativamente alguna circunstancia que pudiendo elevarse a circunstancia genérica limita la aplicación de la ley.[16] Por supuesto que eliminada así como ley del caso, no quedará este, por eso, sin ley donde subsumirse, pues el derecho es una plenitud hermética, y en defecto de aquélla aparecerá otra norma (analó-

tución que le están dadas *a priori*, siendo una, y la misma, la valoración jurídica que realiza ambas diversas funciones, porque es uno solo el acto de sentencia".

13 C. Cossio, *El derecho en el derecho judicial*, pág. 132: "Lógicamente primero ha de entender el juez que la ley que le confiere aquellas facultades es aplicable al caso (valoración de la ley), y luego ha de proceder recién a la individuación también dialéctica, valorando las circunstancias del caso como hemos explicado.Idem, pág. 93: "...si bien en una sentencia que aplica una ley el caso está referido a la ley por subsunción y deducción, ello es después que la ley ha sido referida al caso por valoración. Previo a lo primero es que la ley haya sido referida al caso por valoración y recién después de aceptada para el caso viene el procedimiento deductivo a sacar consecuencias".

La teoría egológica, pág, 80: "...el caso está sometido a la ley por subsunción solo después que la ley ha sido declarada apta para el caso por valoración."

14 C. Cossio, *El derecho en el derecho judicial*, pág. 44: "...aplicar la ley es poner un sentido en la conducta que se considera. Pero ocurre que también es en forma paradoja] lo contrario, o seo extraer un sentido de la conducta que se considera".

15 C. Cossio, *El derecho en el derecho judicial*, pág. 134: "...no habrá vivencia de contradicción si rechazamos la ley porque no la comprendemos como el sentido inmanente del caso, no obstante que este pudiera subsumirse en la universalidad conceptual de aquélla".

C. Cossio, *La valoración jurídica y la ciencia del derecho*, Imprenta Universidad N. del Litoral, 1941, pág. 117: "Con esto, es claro, tocamos dos problemas limites... Uno es la cuestión de que al juez corresponde no «aplicar una ley privándola de vigencia momentánea», no obstante de que se den los hechos antecedentes que ella indica, porque en mérito de las circunstancias del caso no se realiza así el orden, la justicia, etc., por ella «queridos»".

16 C. Cossio, *El derecho en el derecho judicial*, pág. 134: "...entonces es cuando el juez busca una mejor individuación tomando circunstancias del caso genérico que permitan señalar el límite donde cambia el signo axiológico, aceptando la ley y sus consecuencias deductivas si aquéllas se dan o rechazándola para el caso en la hipótesis contraria".

gica, fundada en los principios del derecho, o de cualquier otra especie), y, en última instancia, la norma que dice que lo que no está jurídicamente prohibido está jurídicamente permitido, la que el intérprete comprenderá como la norma general.[17] Aunque la valoración de la ley aplicable necesita de una valoración del sentido inmanente del caso, mantiene lógicamente, como ya se ha dicho, el carácter de instante previo a la individuación deductivo asertórica y empírico dialéctica.[18] Así se comprende que se pueda hablar de vivencia de contradicción, esto es, de aquella vivencia que en la interpretación judicial experimente el juez cuando al individualizar pone sobre el substrato de conducta que juzga un sentido diferente al sentido dado o permitido por la ley que ha sido comprendida por valoración como la ley aplicable.[19] Esto es posible en virtud de que el derecho legislado en oposición al derecho consuetudinario le está dado *a priori* al juez en el acto de sentenciar. En el derecho legislado el juez tiene siempre la ley en forma de ordenamiento jurídico como conjunto de pensamientos que enuncian y representan[20] una realidad estimativa anterior a la situación de hecho que tiene que juzgar. En tanto que pensamientos ajenos el juez necesita repensarlos, y a pesar de que el juez también necesita valorar para conocer la objetividad mencionada por ellos, cuando el juez comprende una ley como la ley aplicable, sabe que ese pensamiento

---

17 C. Cossio, *El derecho en el derecho judicial,* pág. 97: "...cuando el juez valora una ley y declara que no es aplicable al caso, no es que el juez prescinda del ordenamiento jurídico, ni que se proclame dueño y señor para hacer lo que quiera, porque siendo la ley, además de estas referencias o circunstancias de hecho, una estructura conceptual o lógica, y esto no lo hemos analizado porque es un anticipo de lo que se dirá más adelante, nos encontramos con que el juez que abandona esa estructura cae, aunque no lo quiere, en otra estructura, por la sencilla razón de que todo el ordenamiento jurídico es una totalidad plena y hermética: el juez forma parte de ella y no podría salir de ella aunque quisiera".

18 C. Cossio, *El derecho en el derecho judicial,* pág. 133: "Este momento previo (...el momento en que dialécticamente, por valoración de la ley, se acepta o se rechaza su aplicación al caso) es idéntico o común para las verdades de individuación empírico-dialéctica o para las verdades deductivo-asertóricas fundadas en los contenidos dogmáticos de la ley".

19 C. Cossio, *El derecho en el derecho judicial,* pág, 134: "Porque habrá vivencia de contradicción si comprendemos a la ley como el sentido inmanente del caso a resolver, no obstante lo cual se rehúsa de aplicarla al caso".

Idem, pág. 142: "...Hay, entonces, vivencia de una contradicción cuando mi arbitrio pone en el substrato un sentido diferente a aquel que mi conciencia comprende como el sentido propio del substrato".

20 C. Cossio, *La teoría egológica,* pág. 247: "En consecuencia, la interpretación de la ley en una sentencia se presenta como una determinación del orden positivo, de la justicia positiva, etc., en cuanto que estas valoraciones están enunciadas y representadas en la ley por vía conceptual".

cognoscitivo que él realiza es un pensamiento que le ha sido dado por el legislador y que él solamente reproduce.

4. Conclusión

En todo esto nosotros hemos querido señalar singularmente, dentro del acto de interpretación, tal como Cossio lo expone, el momento de intelección de la ley que se aplica al dictar la sentencia. Es ahí donde reside el núcleo de la inseguridad contra el que el pensamiento liberal combate. Y la consecuencia crucial a que nos conduce esta investigación es que, la seguridad que pide el liberalismo puede conseguirse solo si ha habido un error en el análisis ontológico del derecho, cuando se lo considera como valoración jurídica. Si se quiere considerar indebida la posibilidad de que el juez juzgue sobre la justicia o injusticia de la ley para aplicarla o no al caso, es imprescindible previamente considerar esa actitud del juez como posible y no como necesaria. Y es necesaria la valoración por parte del juez para interpretar la ley con claridad, es decir, para conocer el objeto rectamente, si se trata de una mención sobre un objeto axiológico. De ser así, nos encontraríamos frente a una inseguridad esencial y por consiguiente contra algo ante lo cual la ideología liberal tendría que estrellarse. Únicamente si la ley escrita es la mención de una prescripción coactiva de conducta por parte del órgano, interpretada como imputación por parte del jurista, se hace admisible declarar como indebida la estimación de su justicia o injusticia por el juez, estrechando el marco de intelección de una ley como aplicable o no al caso solamente el correspondiente campo de vacilación significativa propio de toda expresión verbal o escrita con sentido.

El postulado Jurídico de la Prohibición, de Ambosio L. Gioja
se imprimió en la República Argentina en junio de 2019.

Made in the USA
Monee, IL
21 October 2026

66393206R00042